Wo wohnt die Schnirkelschnecke?

Gelbrandkäferlarve

Wo wohnt die Schnirkelschnecke?

Naturkundliche Streifzüge für Kinder in Hamburg

Herausgegeben von
Gisela Bertram und Hilke Schröder

mit Illustrationen von Katja Wandel
und Bildern von Kindern

Dölling und Galitz Verlag

Der Druck dieses Bandes
wurde gefördert durch:

Norddeutsche Stiftung
für Umwelt und Entwicklung
(Bingo-Lotto)

Stiftung Naturschutz Hamburg
und Stiftung zum Schutz
gefährdeter Pflanzen

HANSEATISCHE NATUR- UND UMWELTINITIATIVE

Botanischer Verein zu Hamburg e. V.

ExxonMobil

Gesellschaft der Freunde
des Botanischen Gartens e.V.

Freie und Hansestadt Hamburg
Behörde für Umwelt und Gesundheit

Marianne Günther

Inhalt

21 Streifzüge in Hamburg

Anhang

Vorwort

Lasst uns rausgehen, gemeinsam im Laub wühlen, die Hände dreckig machen, Groß- oder Kleinwild jagen, bunte Blätter sammeln und Regentropfen schmecken.
Der Weg ist nicht weit, bis zur Haustür und dann noch ein kleines Stück weiter. Denn gemeinsam die Natur erforschen heißt hier: Was hat der kleine Wald oder der Garten vor unserer Tür zu bieten? Gibt es Eichhörnchen und Baumpilze, oder bauen Vögel ihre Nester? Ob nun auf Schneckenjagd im Wohldorfer Wald, bei Regenwurmbetrachtungen im Hinterhof oder auf exotischer Expedition ins Gewächshaus, lasst uns stille Beobachter und abenteuerlustige Forscher auf diesen Streifzügen sein. Unser Buch zeigt, wo die nächste Expedition hingehen kann.
Die Vorschläge »Was kann man tun« haben sich durch Streifzüge mit Kindern entwickelt. Viele Fragen sind erst durch Kinder entstanden: Eine Kellerassel wurde ausgiebig betrachtet und gezeichnet, und der Künstler wollte ganz genau wissen, wie viele Beine die Kellerassel hat. *»Alle haben mitgezählt und die Kellerassel hat ganz schön gezappelt, aber am Ende konnten wir uns auf 14 Beine einigen.« (Igor, 11 Jahre)*
Wie viele Bodentiere krabbeln in und auf einem Quadratmeter Waldboden, was machen die da, wo gibt es viele, wo wenige? So kommt man sogar Begriffen wie Artenvielfalt auf die Spur.
Natürlich verfolgen wir mit unserem Buch ein Ziel: Nur wer die Natur kennt und erlebt, kann und will sie verstehen und auch schützen.

Ich wünsche viele spannende und tolle Expeditionen!

Ihr Hans-Helmut Poppendieck
Erster Vorsitzender des Botanischen Vereins zu Hamburg e.V.

Dank

Dieses Buch hat seine eigene Geschichte. Es ist hervorgegangen aus einem Projekt des Botanischen Vereins zu Hamburg, den »Naturkundlichen Streifzügen«. Seit mehr als zehn Jahren erkunden dabei Studierende der Universität Hamburg und Biologen gemeinsam mit Schülern und Lehrern Hamburgs Natur. Das Projekt ist seit seiner Entstehung großzügig gefördert worden, von 1992 bis 1995 durch die Stiftung Naturschutz Hamburg und Stiftung zum Schutz gefährdeter Pflanzen, im Jahre 1996 durch die Haspa und seit 1997 durch die ESSO. Aber auch für die ideelle Unterstützung der Behörde für Umwelt und Gesundheit (früher Umweltbehörde) sind wir sehr dankbar.
Die Erfahrungen, die auf den Naturkundlichen Streifzügen und seit 1996 auch bei gemeinsamen Ausstellungen gewonnen wurden, bilden die Grundlage für unser Buch. Daher gilt unser Dank all den Schülern und Lehrern, die mit uns zusammen unterwegs waren und von denen wir so viel gelernt haben. Und natürlich allen »Streifzüglern«, die seit 1992 im Projekt mitgearbeitet haben.
Wir danken insbesondere den Autoren der Texte sowie allen, die das Buch in seinen verschiedenen Stadien kreativ und kritisch begleitet haben. Wir danken allen Bildautoren für die großzügige Überlassung der Fotos. Hans-Helmut Poppendieck, Erster Vorsitzender des Botanischen Vereins zu Hamburg e. V., hat sowohl die Streifzüge als auch das Buchprojekt von Beginn an begeistert gefördert und viel organisatorische Arbeit übernommen. Die Buchhändlerin Katrin Hecht und Oberstudienrat Andreas Zeugner haben die Texte kritisch durchgesehen. Die Lektorin Brita Reimers hat bei der Konzeption des Buches geholfen und uns sicher durch die vielen Phasen der Produktion geleitet. All den genannten und den vielen ungenannten Freunden und Förderern des Projektes gilt unser herzlicher Dank!

Gisela Bertram und Hilke Schröder

Trompetenbaum und Vogelstimmen

Der Hamburger Stadtpark

GISELA BERTRAM | HEIKE MARKUS-MICHALCZYK

Im Sommer ist im Hamburger Stadtpark zu jeder Tageszeit etwas los, aber auch zu anderen Jahreszeiten lohnt sich der Besuch. Die meisten sind hier, um Fußball oder Federball zu spielen, zu grillen, im Planschbecken zu baden, auf den Spielplätzen zu toben oder um zu faulenzen oder ein Sonnenbad zu nehmen. Nur wenige wissen, dass es für große und kleine

Pinguinbrunnen

Kleiner Fuchs

Forscher hier viel zu entdecken gibt: beim Tümpeln in verwunschenen Teichen, bei Waldspielen im Sierichschen Gehölz oder beim Beobachten von Bienen und Blumen. Vielleicht gibt es auch noch Geheimtipps, die wir nicht kennen. Der Stadtpark ist groß genug, um stundenlang in ihm herumzustreifen und immer wieder Neues zu entdecken. Wer zum Planetarium möchte, muss durch ein Waldgebiet. Das Sierichsche Gehölz

Schneebeere, Knackbeere, Knallerbse

Wenn man darauf tritt oder sie gegen die Wand wirft, dann zerplatzen sie mit einem »Knack«. Ähnlich wie eine Knalltüte enthalten die Beeren im Fruchtfleisch zwischen den Zellen viel Luft. Deswegen sind sie auch leicht und schwimmen gut. Einen Hinweis darauf gibt ihre Farbe. Weiß ist im Pflanzenreich ein Zeichen dafür, dass das jeweilige Gewebe viel Luft enthält. Essen sollte man die Beeren nicht, und Vögel mögen sie als Mogelpackung empfinden. Die Schneebeere stammt aus den Wäldern Nordamerikas. (HP)

Silberkerze

ist der älteste Teil des Parks und eine Wildnis inmitten der Stadt. Im Sommer wuchern auf dem Waldboden Brennnesseln und Brombeeren – besonders an den Wegen: Das liegt an den vielen Nährstoffen, die die Hunde durch ihre großen und kleinen Geschäfte hinterlassen. Vielfältig sind die Blumengärten im Osten des Stadtparks. Es gibt Rosengärten, bunte Beete mit Einjahresblumen, schattige und sonnige Plätze für Stauden. Dieser Reichtum ist in öffentlichen Parkanlagen selten, da artenreiche Blumengärten viel Pflege brauchen. Etwas Geduld muss man für blütenbiologische Beobachtungen mitbringen.

Dann aber kann man an verschiedenen Orten Entdeckungen machen. Den Schmetterlingsstrauch besuchen nicht nur Schmetterlinge, sondern auch viele andere Insekten. An der Silberkerze kommen fast nur Fliegen vorbei. Damit die wichtigen Beobachtungen nicht vergessen werden, ist ein Protokoll nützlich. Wir notieren:

Hummeln sind Einbrecher. Das habe ich vorher nicht gewusst. Wir haben gesehen, wie eine Hummel den Sporn von einem Fleißigen Lieschen aufgebissen hat. Dann hat sie den Nektar geklaut. Den Blütenstaub hat sie dagelassen. (Marie, 11 Jahre)

Hummel
Patrick, 8 Jahre

Der Stadtpark bietet zu jeder Jahreszeit etwas anderes: Im Frühjahr kann man in den noch unbelaubten Bäumen die Vögel

Breitwegerich

Wenn man ein Blatt abpflückt, ragen aus dem Stiel Fäden heraus – Leitbündel, die das Blatt mit Wasser und Nährstoffen versorgen. Sie sind schwer zu zerreißen. Nur mit solchem derben Gewebe kann der Wegerich entlang von Wegen wachsen, wo Menschen und Tiere auf ihm herumtrampeln.
Die reifen Samen bilden, wenn sie nass werden, einen Schleim, den man auf der Zunge spüren kann – ähnlich wie bei Leinsamen. Mit dem Schleim kleben sie an Schuhen und Hufen fest und werden so verschleppt.
Früher gab es in Nordamerika keinen Wegerich. Die weißen Siedler haben ihn unabsichtlich mitgebracht, und er ist ihnen überall hin gefolgt. Die Indianer nannten ihn daher »Fußtritt des Weißen Mannes«. (HP)

beim Singen belauschen. Im Sommer ist ein Ausflug zu den Teichen spannend. Man kann mit einem Kescher Wassertiere fangen oder Libellen beobachten. Der Herbst hält eine Vielzahl bunter Blätter und auch einige Früchte bereit. Außerdem ist der Stadtpark ein ganz hervorragender Ort für Rallyes und Geländespiele.

Was kann man tun?

Buchfinkmännchen

Vogelstimmen erkennen. Von April bis Juli singen viele unserer Vögel, um ihr Revier abzugrenzen. Einige von ihnen kann man gut an ihrem Lied erkennen. Mit einem tragbaren CD-Spieler und einer Vogelstimmen-CD werden einige Gesänge schon mal Probe gehört, damit man sie unterwegs leichter wieder erkennt. Den Zilpzalp kann man sich gut merken, da sein Name wie sein Lied ist, er ruft »zilp-zalp, zilp-zalp«. Die Kohlmeise singt »zi-zi-be, zi-zi-be«, und vom Buchfink wird gesagt, er rufe: »Ich bin der Gerichtsvollzieher.« Das kann vielleicht nicht jeder sofort hören, aber solche Verse helfen dabei, sich den Gesang einzuprägen.

Blätter-Memory. *Melanie, Ramasan und ich haben Blätter gesammelt. Es waren so viele verschiedene, dass unser Blätter-Memory ganz schön schwierig war. Nicht mal unsere Lehrerin kannte alle Namen der Bäume. (Paul, 8 Jahre)* Zunächst werden je zwei Blätter von verschiedenen Bäumen gesammelt und mit Pappen, die man mitgebracht hat (20 reichen aus), abgedeckt. Und dann werden Gedächtnis und Gehölzkenntnisse auf die Probe gestellt! Besonders gut kann man Blätter-Memory im Herbst mit den Ziergehölzen im Osten des Stadtparks spielen.

Mein rechter, rechter Platz ist frei. Jeder Mitspieler sucht sich einen Gegenstand, den er in der offenen Hand hält, wenn sich alle im Kreis aufstellen. Ein Platz wird frei gelassen. Und schon fängt der Spieler links neben dem

Zeichnen eines Blattumrisses

leeren Platz an: »Mein rechter, rechter Platz ist frei, ich wünsche mir das herzförmige Grüne herbei!« Das Lindenblatt wechselt den Platz. Und bei der »gelben Wuschelblüte« ist der Löwenzahn dran.

Hintergrundinformation

Der Stadtpark wurde vom Hamburger Oberbaudirektor Fritz Schumacher in den Jahren 1910 bis 1914 geschaffen, um »für die mannigfachsten Betätigungen größerer Menschenmassen geeignete Räume« zu schaffen. Der Park hat eine durchgehende Längsachse vom ehemaligen Wasserturm (heute Planetarium) über die große Festwiese bis zum Stadtparksee. Sie lässt den Wunsch der Planer nach einer repräsentativen Parkanlage erkennen, die hier bewusst auf Vorbilder fürstlicher Anlagen aus dem Barock zurückgegriffen haben. Sportplätze, Freibad und Freilichtbühne betonen dagegen den Volksparkcharakter. Neben den Blumengärten gibt es mehrere Sondergärten wie den Blinden- und den Steingarten, die aber leider nicht mehr gut gepflegt werden und viel interessanter sein könnten. Für Liebhaber von Gehölzen besonders lohnend ist der östliche Bereich in der Nähe der Station Alte Wöhr. Hier wachsen rund 150 verschiedene Baumarten, darunter auch der Trompetenbaum.

Der besondere Tipp Der Pinguinbrunnen liegt etwas versteckt im Osten am Rande der Blumengärten. Er ist von mächtigen Buchen und einer gemauerten Pergola umgeben, und erst auf den zweiten Blick erkennt man hinter den Blumenrabatten, dass sich hier kleine Pinguine tummeln. Kein Denkmal, sondern ein kleines Idyll – und ein besonders gelungenes Beispiel für die Verbindung von Natur und Kultur in der Gartenkunst.

Weitere Möglichkeiten

Der NABU führt im Frühjahr vogelkundliche Wanderungen durch, Treffpunkt ist der Wasserturm. Informationen über die Termine gibt es unter www.nabu-hamburg.de. Auch der Botanische Verein macht regelmäßig Exkursionen im Stadtpark, vor allem zum Thema Gehölze: www.botanischerverein.de. Der BUND Hamburg hat gemeinsam mit dem Stadtparkverein ein Projekt ins Leben gerufen, bei dem Kinder selbst die Planungen für einen Natur-Erlebnisraum im Stadtpark durchgeführt haben: http://vorort.bund.net/hamburg. Man kann fast überall Picknick machen oder sich verpflegen lassen: im Landhaus Walter, beim Kiosk am Planschbecken oder im Café beim Schachspieler-Platz. www.rrz.uni-hamburg.de/Hamburg/sight/stadtpark.html

Anfahrt

U3 bis Borgweg oder Saarlandstraße, oder S1, S11 bis Alte Wöhr. Auch mit Fahrrad und Auto ist der Stadtpark von allen Seiten gut zu erreichen.

Blaubeerige Schnabelblume und Grünstämmiger Pickelstachelbaum

Die Tropenhäuser am Dammtor

GISELA BERTRAM

Am Pförtner und an den Aquarien vorbei, einen kurzen Blick auf die Orchideen-Vitrine, durch die Tür, dann wird es warm und die Brille beschlägt. Wir sind im Regenwald angekommen. Die Augen müssen sich erst langsam an das Dämmerlicht gewöhnen. Die Luft ist warm, sehr warm und feucht ist es, es tropft von den Blättern – so fühlen sich wohl die Tropen an! Die Kakaofrucht ist gelb und hängt am Baumstamm, die Bananen sind grün, und was hängt da noch Rotes dran? – Es ist der Abschnitt des Bananenblütenstandes, in dem die männlichen Blüten zu finden sind. Das Tropenhaus bietet die Möglichkeit, ganze Pflanzen zu sehen, von denen wir sonst nur Teile kennen. So fruchten etwa der Kakaobaum und die Bananenstaude hier regelmäßig.

Bananenstaude

Eine ganz wichtige Station ist der Stopp am Wasserbecken. Dort haben einige Rotwangen-

Schildkröten ein zweites Zuhause gefunden und lassen es sich im Wasser und auf der schwimmenden Plattform gut gehen. Nicht so gut geht es ihnen, wenn zu viele Leute Münzen in das Becken werfen. Das verschlechtert die Wasserqualität. Über dem Wasserbecken hängt eine Pflanze, die ihre Blätter in Kannen umgewandelt hat (deswegen heißt sie auch Kannenpflanze). Mit diesen Kannen fängt sie Insekten. Es lohnt sich auch, mal tiefer ins Gebüsch zu spähen, ob man nicht die eine oder andere tropische Blüte oder Frucht sehen kann. Wie beispielsweise am Kaffeestrauch. Er ist etwa 3 m hoch. An ihm kann man häufig grüne oder schon rote Kaffeekirschen entdecken oder die weißen Blüten. Der Kirschkern

Eintauchen in die Tropenwelt

heißt hier Bohne. Diese Bohne wird geröstet und gemahlen, um dann Kaffee aus ihr zu brauen.
Auf einer Infotafel kann man eine ganze Menge Spannendes über den Bambus erfahren. So kann Bambus, wenn er gerade frische Triebe schiebt, 30 cm am Tag wachsen (manchmal sogar noch mehr!). Oft stecken die Gärtner dann eine Meßlatte daneben und markieren die Höhe und die Zeit. Dann lohnt es sich, nach einigen Stunden oder am nächsten Tag noch mal vorbeizuschauen!

Smaragdblume

Bambus

Am Ende des Tropenhauses hat man einen schönen Überblick über die Tropen. Fast unmerklich führte der Weg bis hierher bergauf, so dass man jetzt fast schon in Augenhöhe mit den Bananen ist, die am Eingang noch hoch über uns waren. Oben auf einem Baumstamm sitzen ganz verschiedene Pflanzen. In den Tropen ist das für Pflanzen kein ungewöhnlicher Ort. Hier hat jeder so seine Methoden, an einen Platz zu kommen, an dem es genug Licht zum Wachsen gibt. Diese Aufsitzerpflanzen halten sich mit ihren Wurzeln an dem Baumstamm fest. Für Wasser und Nährstoffe sorgen sie selber. Zum Beispiel die Bromelien: Mit ihren Blättern formen sie einen Trichter, auch Zisterne genannt, mit dem sie Wasser auffangen. In dem Trichter sammeln sich auch Nährstoffe, die dann mit dem Wasser zusammen aufgenommen werden. Diese kleinen

Palmfarn

Teiche werden von anderen Pflanzen und Tieren genutzt wie etwa von Fröschen, die darin leben und auch ihre Eier in das Wasser ablegen.
Dem Tropenhaus schließen sich weitere Gewächshäuser an, in denen Pflanzen anderer Klimazonen zu Hause sind. Das nächste kleinere beherbergt Pflanzen, die schon zu Zeiten der Dinosaurier existiert haben. Zum Beispiel die Palmfarne, die etwas wie Palmen aussehen, aber weder mit den Palmen noch mit den Farnen verwandt sind. Sie gehören zu einer ganz

Fleisch fressende Pflanzen

Wie fangen Pflanzen Insekten? Es gibt drei Möglichkeiten: mit Klebestreifen, ähnlich wie altmodische Fliegenfänger, die von der Decke herabhängen – so der Sonnentau oder das Fettkraut; in einer Trichterfalle – so die Kannenpflanze oder die Schlauchpflanze; oder mit einer Schnappfalle – so die Venusfliegenfalle. Fleisch fressende Pflanzen können auch ohne Beutefang überleben, aber die Extranährstoffe, die sie durch den Fang von Tieren erhalten, ermöglichen ihnen, an nährstoffarmen Standorten zu wachsen. (VC)

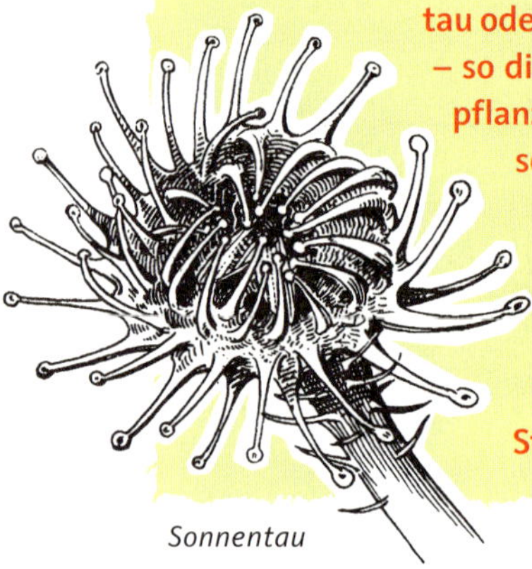

Sonnentau

urtümlichen Pflanzengruppe, den Nacktsamern. Und auch eine Seltenheit ist zu sehen: Welwitschia, eine Pflanze, die nach ihrer Keimung nur noch ein Blattpaar hat. Das wächst ihr Leben lang an der Basis weiter, während die Spitzen absterben. Die Welwitschia gibt es nur in der Namib-Wüste.
Dann kommt das Subtropenhaus. Dort sind Pflanzen aus ganz verschiedenen Ecken der Welt untergebracht, die eine Gemeinsamkeit haben: Sie wachsen in einem Klima, wie es am Mittelmeer vorherrscht. Und wieder gibt es viele Pflanzen, von denen uns essbare Teile bekannt sein können: der Olivenbaum, der Apfelsinenbaum und die Feige. Aber auch Pflanzen, die wir als Zimmerpflanzen kennen, wie Klivien, Azaleen und Kamelien, sind hier ausgepflanzt. Etwas zum Schnuppern bieten der Eukalyptus und der Kampferbaum. Gleich am Eingang dieses Gewächshauses befindet sich eine Glasvitrine, in der verschiedene Arten von Fleisch fressenden Pflanzen zu bestaunen sind.
Durch das Farnhaus gelangt man zum Schluss ins Sukkulentenhaus. Dort wachsen Pflanzen, die aus den Trockengebieten der Erde stammen, wie Kakteen und andere dickfleischige Pflanzen. An ihren natürlichen Standorten fällt nur wenig

Säulenkakteen

Regen, oft weniger als 150 mm im Jahr. Zum Vergleich: In Hamburg haben wir um 750 mm Niederschlag pro Jahr. Die Pflanzen müssen sich also darauf einrichten, mit wenig Wasser zu überleben. Viele sind deswegen lebende Wasserspeicher, die, wenn es mal regnet, das Wasser einlagern und so auch in Dürreperioden überleben können.

Blick ins Sukkulentenhaus

Was kann man tun?

Tropenforscher spielen. Jeder geht für sich durch die Häuser und sucht sich eine Pflanze aus, die er »neu« entdeckt, und gibt ihr einen Namen. Das geht besonders gut im Tropenhaus, da dort die Vielfalt sehr groß ist. Die anderen sollen anhand des Namens diese Pflanze wieder finden können. Also: Wer findet das Pfennigblättrige Kletterkraut, das Grünweiße Wellenblatt oder den Grünstämmigen Pickelstachelbaum als Erster? Übrigens: Täglich werden in den Tropen neue Pflanzen- und Tierarten entdeckt, die benannt werden müssen. Wer möchte, dass eine Pflanze oder ein Tier seinen Namen trägt, kann durch eine angemessene Spende dafür sorgen und so die Forschungen zur biologischen Vielfalt finanzieren helfen (www.amonline.net.au/immortals/).

Blattformen sammeln. Jeder sucht verschiedene Blattformen und versucht diese möglichst genau zu zeichnen. Wie viele verschiedene Blattformen können alle zusammen finden? Und welche Blattformen sind häufig?

Hintergrundinformation

Die Gewächshäuser gehören zum Botanischen Garten der Universität Hamburg.
An manchen Stellen im Gewächshaus sieht man in den Pflanzen eine Filmdose oder ein Stück Pappe oder Papier hängen. Das stammt meist nicht von irgendwelchen Besuchern, sondern von den Gärtnern, die sie hier aufgehängt haben. Hier wohnen nämlich ihre kleinen Helfer, auch Nützlinge genannt. Das sind kleine Tiere, oft Insekten, die für ihr Leben gern Blattläuse und andere Pflanzenschädlinge fressen. So brauchen die Gärtner kein Gift einzusetzen. Man nennt das »Biologischen Pflanzenschutz«.
Von verschiedenen Stellen im Tropenhaus aus kann man ihn sehen: einen überdimensionalen Plastikschlauch. Er soll das Klima verbessern. Wenn die Sonne scheint, heizt sich das Gewächshaus auf, und die Wärme, die nach oben steigt,

Gewächshäuser

sammelt sich direkt unter dem Dach. Dann wird es den Pflanzen da oben schnell zu heiß. Man könnte jetzt einfach die Fenster öffnen, aber dann verliert man die hohe Luftfeuchtigkeit, auf die viele Pflanzen hier angewiesen sind. Also pustet ein Ventilator die heiße Luft durch den Riesenschlauch nach unten, wo sie sich mit kühler Luft vermischt.

Das Besondere an den 1963 von dem Architekten Bernhard Hermkes gebauten Glashäusern ist, dass die Hauptträgerkonstruktion sich außerhalb der Verglasung befindet. Das führt dazu, dass das Licht gleichmäßig hereinfällt und die Konstruktion von innen sehr leicht wirkt. Ungestört von Gerüsten, können die Pflanzen bis ans Glas wachsen.

Die Gewächshäuser sind von März bis Oktober Mo bis Fr von 9 bis 16.45 Uhr, Sa und So von 10 bis 17.45 Uhr geöffnet. Von November bis Februar Mo bis Fr von 9 bis 15.45 Uhr, Sa und So von 10 bis 15.45 Uhr. Der Eintritt ist frei.

Der besondere Tipp Mit geschlossenen Augen ein Stück durch das Gewächshaus gehen! Im Tropenhaus nimmt man zuerst die feuchtwarme, leicht moderig riechende Luft wahr. Dann hört man, wie das Wasser, das sich am Glasdach niedergeschlagen hat, auf die Blätter der Tropenpflanzen tropft. In regelmäßigen Abständen schaltet sich die Luftumwälzungsanlage ein. Im Subtropenhaus wird es kühl, und es drängt sich eine Mischung von Wohlgerüchen auf, die von den ätherischen Ölen in den Blättern der Mittelmeergewächse stammt. So kann man die Gewächshäuser auch mit der Nase erkunden.

Weitere Möglichkeiten

Führungen. Regelmäßig werden sonntags, unterstützt von der Gesellschaft der Freunde des Botanischen Gartens Hamburg, Führungen zu verschiedenen Themen angeboten – Eintritt frei, Spende erbeten! Das Programm hängt am Gewächshauseingang aus. Informationen zu den Themen gibt es unter Tel. (040) 42 816-476 oder unter www.bghamburg.de.

Grüne Schule. Erkundungsgänge für Schulklassen werden von der Grünen Schule des Botanischen Gartens angeboten, Tel. (040) 42 816-208, e-mail: gruene-schule@botanik.uni-hamburg.de.

Führungen für Gruppen werden von Angela Niebel-Lohmann organisiert. Anmeldung unter (040) 42 816-395 oder (040) 6080533, e-mail: niebel-lohmann@botanik.uni-hamburg.de.

Zum Park **»Planten un Blomen«** gibt es ein Faltblatt der Umweltbehörde und Informationen unter www.plantenunblomen.hamburg.de. Toll ist auch der Spielplatz gegenüber dem Eingang zur Messe an der Ecke Marseiller Straße/Jungiusstraße.

Anfahrt

Die Gewächshäuser liegen im Gelände des Alten Botanischen Gartens im Park »Planten un Blomen« und sind zu Fuß von den Stationen Dammtor (S11, S21, S31), Stephansplatz (U1) und Gänsemarkt (U2) zu erreichen.

Leben im und am Wasser

Die Außenalster

KORNELIA PAUL | TOBIAS LENZ

Baden in der Alster? Seitdem die Wasserqualität in den letzten Jahren immer besser geworden ist, tummeln sich wieder viele Lebewesen im Alsterwasser. Kaum jemand kommt allerdings auf die Idee, in der Alster zu baden. Hier fahren zu viele Schiffe! Die Außenalster ist eine Wasserinsel inmitten der Großstadt, Parkanlagen ermöglichen einen Rundweg um das ganze Gewässer. Das war nicht immer so: Früher war ein Teil der Grünanlagen in Privatbesitz, die Grundstücke der umliegenden Häuser reichten bis ans Wasser. Daher gab es für Spaziergänger nur wenige Möglichkeiten, ans Alsterufer zu kommen. Zeugen der einstigen Privatparks sind noch heute prachtvolle exotische Bäume und Sträucher.
Vom Ufer aus kann man Mensch und Tier am Wasser beobachten, im Gras liegen, spielen oder auch das Wasser selbst untersuchen. Viele Tiere und Pflanzen lassen sich bequem vom Ufer aus erkennen, manche kann man sogar aus dem Wasser holen und betrachten.

Höckerschwan
Sophia, 11 Jahre

Was kann man tun?

Vögel beobachten. Wer sein Fernglas dabeihat, wird schnell eine Vielzahl unterschiedlicher Wasservögel bemerken. Den häufigsten Wasservogel, das Blässhuhn, erkennt man an dem weißen Fleck über dem Schnabel, seiner Blässe, und dem schwarzen Gefieder. Es verrät sich im Schilf durch laute »Köck«-Rufe. Zu ihm gesellen sich Stockenten – die Männchen mit dem auffälligen grünen Kopf und dem gelben Schnabel und die braunen unscheinbaren Weibchen sind unsere häufigsten »Stadtenten« – und elegante Höckerschwäne. Vor den Schwänen muss man sich etwas in Acht nehmen. Wenn sie meinen, dass man ihnen oder ihren Jungen zu nahe kommt, können sie ganz schön böse werden und auch mal mit ihrem Schnabel zuschnappen. Also, Sicherheitsabstand halten! Im Frühjahr kann man auch Haubentaucher in ihrem prächtigen Hochzeitsgefieder entdecken.

Das Leben auf den Steinen. Kaum zu glauben, was es auf den Steinen in der Alster so zu entdecken gibt! Die Tiere, die wie Raupen unter Wasser aussehen, sind Egel. Der Pferdeegel saugt sich mit dem hinteren seiner zwei Saugnäpfe am Stein fest und windet seinen Körper durch das Wasser. Auf diese Weise fängt er kleine Wassertiere, die er als Ganzes verschlingt. Andere Egel halten sich mit ihrem vorderen Saugnapf an Fischen fest und saugen deren Blut.
Die Zebramuschel, auch Dreikantmuschel genannt, erkennt man an ihrer dreikantigen Form und ihrer gestreiften Schale. Sie ist so ziemlich an jedem Stein zu finden. Ursprünglich stammt die Muschel aus der Gegend vom Schwarzen Meer. Im Ballastwasser von Frachtschiffen wurde sie auf der ganzen Welt verbreitet. In Amerika hatte das große Probleme zur Folge, da die Muschel die Rohrleitungen verstopfte.

Dreikantmuscheln

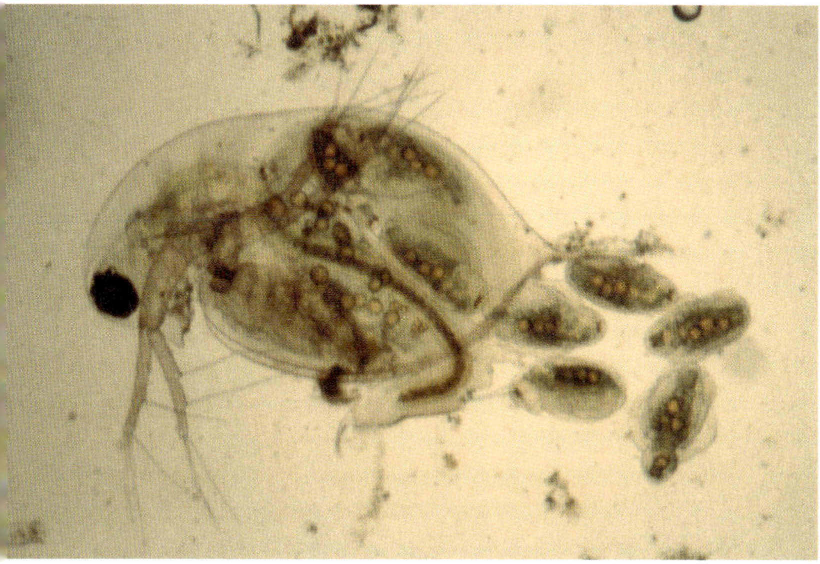

Wasserfloh mit Nachwuchs unter der Lupe

Das Leben im Wassertropfen. Wenn man ein Marmeladenglas mit Alsterwasser füllt und hineinschaut, erkennt man erst nicht viel. Beim genaueren Hinsehen jedoch sieht man plötzlich Wasserflöhe, Mückenlarven und dann auch die noch kleineren Hüpferlinge mit ihrer typischen zick-zackförmigen, etwas hektisch wirkenden Fortbewegung.
Bei den Wasserflöhen handelt es sich nicht um Flöhe, sondern, wie bei den Hüpferlingen, um Krebstiere. Unter einem Mikroskop kann man eine Wasserprobe noch genauer untersuchen. Dann eröffnet sich der Mikrokosmos des Wassertropfens noch weiter: Süßwasserpolypen, Kieselalgen, Pantoffeltierchen, Rädertierchen – ein unglaubliches Gewimmel!
Zu mehreren kann man auf den weitläufigen Wiesen gut

Arche Noah spielen. Wie in der Bibel geht es darum, dass von jeder Tierart ein Paar auf die Arche mitgenommen wird, und diese Paare müssen sich finden. Dafür malt man zuerst für jede Tierart zwei Karten, die entweder ihr Bild oder ihren Namen tragen. Dann zieht jeder eine Karte – ein kurzer Blick und nachgedacht: Was macht der Frosch? Er quakt und hüpft. Und ein Schwan? Oder die Hummel? Dann geht's los. Alle Tiere fangen gleichzeitig an zu gackern, mit den Flügeln zu schlagen oder andere typische Bewegungen und Geräusche zu machen. Dazwischen feuern sich die Spieler gegenseitig an: Macht schnell, bevor die Flut kommt!

Hintergrundinformation

Die Alster ist ein rechter Nebenfluss der Elbe von 56 km Länge und einem Gefälle von 28 m von der Quelle bis zur Mündung. Sie entspringt nördlich von Hamburg, im Henstedter Moor in Schleswig-Holstein. Von dort windet sie sich im selbstgemachten Bett in Richtung Hamburg, bis sie im Nordosten des Hamburger Stadtgebietes kanalisiert und damit in gerade Bahnen gebracht wird. Weiter flussabwärts wurde sie im 13. Jahrhundert aufgestaut und 500 Jahre später durch Befestigungsanlagen in Außenalster und Binnenalster geteilt. Schließlich mündet sie durch künstlich angelegte und mit Schleusen versehene Fleete in die Norderelbe. Bis ins 19. Jahrhundert dienten die Fleete dem Warentransport innerhalb der Stadt sowie der Wasserversorgung und der Entsorgung. Die Aufsicht über die Fleete führte der Fleetenkieker, ein Vorfahr der städtischen Müllabfuhr. Er hatte Fahrwassertiefe und Reinhaltung der Gewässer zu überwachen, indem er sie nach Abfällen und nach brauchbaren Dingen absuchte. Und waren mal mit dem Abwaschwasser auch gleich die silbernen Löffel im Fleet gelandet, dann rief man den Fleetenkieker zu Hilfe.

Fleetenkieker

Nach einer Choleraepidemie 1892 wurde ein Trinkwassersystem aufgebaut, so dass sich die Nutzung der Fleete zur

Wasserentnahme erübrigte. Seitdem fielen viele Fleete städtischen Umbauarbeiten zum Opfer.
Die Außenalster mit ihrer durchschnittlichen Tiefe von 2 bis 2,5 m hat zwei Lebensräume: die Freiwasserzone mit einer Wasserfläche von 165 Hektar und die Uferzone. In den fünfziger Jahren wurde mit der Anpflanzung eines Röhrichtgürtels begonnen, um das Ufer naturnaher zu gestalten. Einige Uferbereiche wurden gegen die von Alsterschiffen verursachten Wellenschläge mit kleinen Steindämmen geschützt, so dass Pflanzen und Tiere sich hier ansiedeln können.

Der besondere Tipp Heute gibt es den Fleetenkieker wieder – als Verein, der es sich zur Aufgabe gesetzt hat, die Alster und Hamburgs Fleete und Kanäle sauber zu halten. Dies geschieht gemeinsam von den zwei flachen Holzbooten Aalweber und Zitronenjette aus. Für Schulklassen, Jugend- und Projektgruppen sowie interessierte Gewässerfreunde bieten »De Fleetenkieker« an, über Hamburgs Kanäle und die Alster zu fahren und dabei auch Unrat einzusammeln.
Kontakt über Uwe Brieger, Tel. (040) 86 50 45,
Fax (040) 86 55 2, e-mail: u.brieger@t-online.de

Weitere Möglichkeiten

Alsterrundfahrten oder Fleetfahrten mit dem Alsterdampfer (Abfahrt z.B. am Jungfernstieg).
Kunst im Alsterpark. Der 1953 angelegte Alsterpark liegt am Nordwestufer der Außenalster. In ihm sind etliche Kunstwerke aufgestellt wie die Bronzeplastiken Knieende (von Gustav Seitz, 1962), Orpheus und Eurydike (von Ursula Querner, 1958), Drachensteigen (von Gerhard Brandes, 1963), Große Stehende (von Jörn Pfab, 1958).
Mal ausprobieren: die Skulpturen als lebende Bilder nachstellen!

Anfahrt

Mit der U1, U2, S1 oder S3 bis Jungfernstieg. Von dort ist der Weg sowohl an die Binnen- als auch an das Südufer der Außenalster nicht weit. Am Westufer der Außenalster verkehrt die Buslinie 109. Es gibt nur wenige Parkplätze.

Eine Oase der Hundertjährigen

Das Niendorfer Gehege

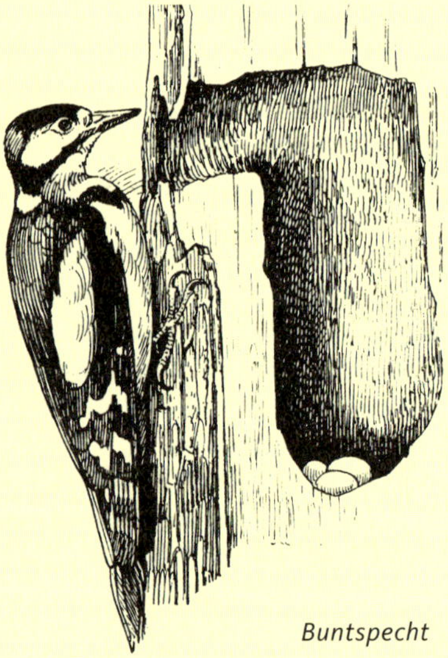

Buntspecht

JOHANNA CRONE | HILKE SCHRÖDER

Schade, dass alte Bäume nicht reden können. Was mögen sie alles erlebt haben? Die vielen Geschichten, die ein Baum erzählen könnte, werden wohl für immer sein Geheimnis bleiben. Aber es gibt Baumdetektive, die brauchen einen alten Baum bloß gründlich anzusehen, und schon können sie uns zumindest ein wenig von seiner Lebensgeschichte erzählen. Wir wollen es auch einmal versuchen. Die schönste und größte Rotbuche weit und breit steht am Wanderweg an der Grenze zum alten Niendorfer Friedhof. Ihr mächtiger Stamm ist über fünf Meter dick, und ihre weit ausladenden Äste erstrecken sich in alle Himmelsrichtungen. Wir sehen sofort: Dies ist ein Parkbaum und kein Waldbaum. Er muss in seiner Jugend frei aufgewachsen sein und Licht von allen Seiten bekommen haben. Im dichten Wald, wo es dunkel ist, werfen die Buchen die im Schatten liegenden Zweige nach kurzer Zeit ab, und die Bäume wachsen schnell dem Licht entgegen. Genau dies ist der Unterschied zwischen unserem Baum und

den schlanken Buchen mit ihren unverzweigten Stämmen, die wir aus Wäldern kennen. Unsere Buche brauchte sich nicht mit anderen um möglichst viel Licht zu streiten.
Im Niendorfer Gehege gibt es noch viele andere riesige alte Bäume. Einige wuchsen hier schon, als das Gebiet noch unter der Herrschaft des dänischen Königshauses stand. Die meisten jedoch stammen aus dem 19. Jahrhundert, als reiche Hamburger Kaufleute sich hier pompöse Landsitze mit riesigen Parkanlagen bauten und exotische Bäume wie beispielsweise Silberahorn, Esskastanie, Flügelnuss, Scheinzypresse, Hickory und auch verschiedene Zuchtformen der Rotbuche pflanzten. Hauptsächlich kommen aber doch einheimische Laubbäume vor: Rotbuchen, Hainbuchen, Bergahorn, Eichen und Eschen. Auf unserem Streifzug sollten wir insbesondere auf die alten und besonderen Bäume achten.
Beginnt man seinen Ausflug an der kleinen Kirche an der

Damwild im Gehege

Kollaustraße gegenüber vom Niendorfer Markt, geht es vorbei an Rhododendron-Sträuchern und verschiedenen Nadelbäumen in einen Laubwald. In Höhe der Hundeauslaufwiese findet sich der Stumpf eines uralten Ahorns. An ihm kann man noch erkennen, wie stattlich der Baum einst gewesen ist. Leider war er krank und musste im Jahr 2002 gefällt werden. Folgt man dem Weg weiter, kommt eine Stelle mit zum Teil umgestürzten Buchen. An ihnen haben sich Zunderschwämme angesiedelt. Der getrocknete Pilz wurde früher zum Entfachen von Feuer genutzt. In der toten, noch stehenden Buche haben bereits mehrere Generationen von Spechten ihre Höhlen gebaut. *Wir haben einen ganz aufgeregten Specht gesehen. Der hüpfte immer um den Baum mit seinem Loch herum, weil er seine Jungen bewacht hat. So nah dran habe ich noch nie einen Specht gesehen. (Julia, 10 Jahre)*
Größere Vögel wie Specht und Eichelhäher lassen sich gut mit bloßem Auge erkennen, dennoch ist es empfehlenswert, ein Fernglas mitzubringen. Vielleicht erspäht der eine oder andere ja auch ein Vogelnest im Geäst. Durch geduldiges Beobachten lässt sich oftmals der Nestbesitzer feststellen. Manchmal kann man hier auch die Säugetiere des Waldes in der freien Wildbahn beobachten: Rehe, Hasen und Füchse sind am ehesten in den frühen Morgenstunden zu entdecken. Dabei sollte man sich möglichst leise verhalten und darauf achten, dass man sich gegen den Wind anpirscht, damit die Tiere einen nicht riechen, bevor man sie sieht. Eichhörnchen begegnet man auf fast jedem Spaziergang.
Hat man auf seiner Pirsch keinen Erfolg, gibt es eine Alternative: Von den Zun-

Tiere erkennen mit Hilfe des Bestimmungsbuches

Baumpilze

Bei einem Waldspaziergang – besonders in einem alten Wald – fallen sie uns auf: Pilze, die auf Baumstämmen, Ästen oder Stümpfen wachsen. Einige von ihnen kennen wir als Speisepilze (Hallimasch, Stockschwämmchen und Austernpilz). Andere bilden mehrjährige große Konsolen wie der Zunderschwamm, der zum Feuermachen genutzt wurde.
Was wir normalerweise als Pilz bezeichnen, ist nur der sichtbare Fruchtkörper. Der ganze Pilz besteht, neben dem Fruchtkörper, aus einem Geflecht von langen Fäden, die sich von außen nicht sichtbar durch das Holz ziehen, von dem der Pilz sich ernährt. Nur sehr wenige Baumpilze ernähren sich von lebenden Bäumen und sind damit Schädlinge (Parasiten). Die meisten leben von totem Holz und sind unentbehrlich bei der Zersetzung von abgestorbenen Bäumen. (UH)

Der Hallimasch wächst an totem oder krankem Holz

derschwämmen geradeaus und dann leicht rechts halten und die Straße Bondenwald überqueren. Dort sind Rehe und Damwild in einem großen Gehege zu bewundern. Da Rehe nur schwer in Gefangenschaft zu halten sind, ist das eine Besonderheit.

Was kann man tun?

Bäume umarmen. *Alle Kinder aus der Klasse mussten sich um den alten Baum herumstellen. Wir brauchten alle Kinder, um einmal um den Baum herumzugreifen. (Lisa, 5 Jahre)* Macht man sich alleine auf den Weg, so packt man am besten ein Maßband ein, um den dicksten Baum zu suchen. Oder man spielt mit anderen: Wer findet den dicksten Baum?

Baum-Parcours. Mit einem langen Seil kann ein Parcours zwischen Bäumen abgesteckt werden. Alle ertasten sich mit verbundenen Augen ihren Weg, im Sommer auch barfuß! Was spürst, was fühlst und was hörst du?

Pferdejagd. Ein Spiel aus dem »Wilden Westen« – Cowboys fangen Pferde. Am besten eignet sich ein unübersichtliches Gelände, in dem sich die Pferde auch mal kurzfristig verbergen können. Einer ist der Pferdefänger, die anderen sind die Pferde. Sie laufen los und versuchen, dem Pferdefänger zu entkommen. Gefangene Pferde werden zu einem vereinbarten Baum gebracht.

Hintergrundinformation

Ende des 18. Jahrhunderts wurden verschiedene Flächen der Feldmark aufgeforstet. Dabei wurden Knicks aus alten Eichen, Hainbuchen und Erlen mit einbezogen. Solche Strukturen kann man noch heute erahnen. Andere Waldteile wurden noch um 1850 von den Bauern gemeinschaftlich für Bauholz, Brennholz und Laubstreu genutzt. Ein solcher Wald wird Bondenwald genannt. Eine doppelreihige Hainbuchenallee an der Straße Bondenwald und die großen Rhododendron-Gruppen sind Reste eines ehemaligen Parks. Aus alten Parks stammt auch eine merkwürdige Himbeere mit roten Blüten und gelben Früchten. Es ist die aus Amerika stammende Prachthimbeere.

Trockene Späne des Zunderschwamms wurden zum Feuermachen genutzt

Der besondere Tipp Wenn einer der Zunderschwämme von den toten Buchen abgefallen und ganz trocken ist (nur dann, mit den frischen funktioniert es nicht!), kann man ausprobieren, ob der Spruch, etwas »brennt wie

Zunder« zutrifft. Dazu muss man mit dem Pilz allerdings zum nächsten Grillplatz gehen, da im Wald Feuermachen streng verboten ist. Wer es ganz urtümlich möchte, kann versuchen, den Zunderschwamm zu entzünden, indem er mit einem Stück Stahl auf Feuerstein schlägt. Die entstehenden Funken können ausreichen, um den Zunderschwamm zu entfachen!

Amselpärchen
Katharina, 9 Jahre

Weitere Möglichkeiten

Naturschutzjugend. Natur in der Großstadt erleben ist das Motto einer Kindergruppe der Naturschutzjugend Hamburg für den Raum Eidelstedt, Stellingen, Eimsbüttel und Lokstedt. Die Gruppe nennt sich nach den Anfangsbuchstaben der Ortsteile ESEL und ist für Kinder im Alter von acht bis zehn Jahren gedacht. Kontakt: www.naju-hamburg.de

Was singt denn da? An der Kollaustraße befindet sich eine Tafel mit Hinweisen zu Veranstaltungen und Führungen, www.nabu-hamburg.de.

Spielplätze gibt es bei der achteckigen Kirche an der Kollaustraße und an der Straße Bondenwald.

Waldcafé Corell und Ponyreiten im Niendorfer Gehege 50, Tel. (040) 58 23 41: Zehn kleine Ponys laden zum Reiten ein. www.forst-hamburg.de/nien dorf.htm

Anfahrt

U2 bis Niendorf-Markt, wo auch verschiedene Buslinien verkehren. Von hier Richtung Süden bis zur Kollaustraße hinunter, die Ampel überqueren und links der Straße folgen. Kurz vor der Kirche am Markt biegt man rechts ein und gelangt direkt in den Wald.

Mit Wasser im Schuh und Moor im Ohr

Das Naturschutzgebiet Raakmoor

JOACHIM HORSTKOTTE | LORE OTTO

Kann man überhaupt ohne Gummistiefel durch das Raakmoor gehen? Im Herzen des Raakmoores steht das Wasser neben uns fast bis an den Rand des schmalen Pfades, der durch das Moor führt. Nur ein paar Gagelsträucher und niedrige Weiden trennen uns vom sumpfigen Gelände. Auf freier Fläche stehen ein paar tote Birken. Erst in einiger Entfernung, wo es trockener ist, können wieder Bäume wachsen. Hier können wir echtes Moorfeeling erleben.

Wieder vernässte Bereiche im Raakmoor

Fledermäuse

Fledermäuse sind die einzigen heimischen Säugetiere, die fliegen können! Ihre Arme und Hände sind zu Flügeln umgebildet, aber die fünf Finger sind noch zu erkennen. Der Daumen und die Hinterbeine haben Krallen. Die der Hinterbeine werden zum Festhalten benötigt, denn Fledermäuse schlafen hängend, mit dem Kopf nach unten. Die in Europa lebenden Fledermäuse ernähren sich von Insekten, die sie im Flug bei einer Geschwindigkeit von bis zu 50 km/h fangen. Fledermäuse sind nur in der warmen Jahreszeit aktiv, wobei sie im Frühsommer ihre Jungen aufziehen. Im Herbst suchen sie sich frostfreie, dunkle Verstecke, in denen sie Winterschlaf halten. (HS)

Fledermaus

Neben uns in den Sträuchern sitzt ein kleiner Vogel mit schwarzer Haube, eine Rohrammer. Sie begleitet uns auf dem Pfad und ist nie weit weg. Über uns sind eifrige Flugkünstler bemüht, gar nicht erst eine Mückenplage aufkommen zu lassen: Mauersegler, Rauch- und Mehlschwalben. Alle drei sehen ähnlich aus, aber wenn man sie genauer beobachtet, kann man doch die Unterschiede erkennen. Die Rauchschwalbe hat einen langen, gegabelten Schwanz und ist ein bisschen rötlich gefärbt. Die Mehlschwalbe hat einen weißen Fleck über dem Schwanz, und der Mauersegler ist tiefschwarz. In der Dämmerung werden diese Jäger von den Fledermäusen abgelöst, die nicht weniger tollkühne Manöver fliegen. Auch sie ernäh-

ren sich von Insekten aus der Luft. Nur die Flugzeuge, die mit ohrenbetäubendem Lärm im Landeanflug über uns hinwegdonnern, erinnern uns daran, dass wir am Rande der Großstadt sind.
Das Raakmoor ist nicht groß, aber dennoch gut geeignet, einen ersten Eindruck von der Vielfalt der Moore zu vermitteln. Feuchte Bereiche wechseln mit dichtem Wald. Auch wer das Moor nicht kennt, kann ohne Karte leicht auf verschieden langen Rundwegen durch das Gelände wandern. Denn der Weg am Raakmoorgraben führt schnurgerade von Nord nach Süd mitten durchs Moor, und ebenso gerade ist der parallele

Der Raakmoorgraben

Weg entlang der Hummelsbüttler Feldmark. Wenn man sich an diese beiden Hauptwege hält, kann man sich gar nicht verirren. Und für die, die sich trotzdem verlaufen haben: In höchstens 2,5 Stunden hat man das ganze Moor umrundet.

Was kann man tun?

Gagelstrauch

Pflanzen am Geruch erkennen. Während der Blüte im März/April verströmt der Gagelstrauch einen typischen aromatischen Duft, von dem man auch eine Vorstellung bekommt, wenn man Stücke seiner Blätter oder Rinde mit den Händen zerreibt. Er steht in größerer Zahl an der ersten Aussichtsplattform. Ebenfalls leicht am Geruch zu erkennen ist die Knoblauchsrauke. Die Blätter dieser überall häufigen und im Frühjahr weiß blühenden Pflanze riechen und schmecken nach Knoblauch und eignen sich wunderbar für Wildkräutersalate.

Frisch geschlüpfte Libelle, Braune Mosaikjungfer

Libellen beobachten. Libellen sind elegante Flugkünstler. Sie fliegen an sonnigen, warmen Tagen über den Gewässern. Wenn man genau hinsieht, kann man verschiedene Verhaltensweisen erkennen: Sind sie gerade auf der Jagd nach Beute, oder halten die Männchen Ausschau nach einem Weibchen? So manches Mal kann man zwei Libellen im gemeinsamen Flug, im Paarungsrad, beobachten. Dabei hält das Männchen sein Weibchen mit den Anhängen am Hinterleib fest. Nur dazu dienen die Anhänge – stechen können Libellen damit nicht!

Ultraschall

Fledermäuse sind nachtaktiv. Zur Orientierung und zur Ortung ihrer Beute haben sie ein ganz besonderes System: ein Sonarsystem über Ultraschall. Die Fledermäuse erzeugen im Kehlkopf Laute, die sie während des Fluges ständig aussenden und die von Hindernissen und Beute reflektiert werden. Mit ihren Ohren können sie diese Laute hören. Wir können das nicht, da wir im Ultraschallbereich nicht hören können. Das System ist so perfekt, dass die Fledermäuse nicht nur die Größe von Gegenständen oder Tieren erkennen, sondern auch, ob sich das Objekt bewegt oder nicht. (HS)

Fledermaus und Nachtfalter. Ein Band umgrenzt als Kreis das Spielfeld. Einer ist die Fledermaus, die anderen sind die Nachtfalter. Die Feldermaus versucht mit verbundenen Augen, die Nachtfalter zu fangen. Jedes Mal, wenn sie »Fledermaus« ruft, antworten die Nachtfalter – wie vom Ultraschall getroffen – mit »Falter«. Dann weiß die Fledermaus, in welche Richtung sie fliegen muss, um die Falter zu fangen. Ein Tipp für die Fledermaus: Je häufiger sie Fledermaus ruft, desto öfter müssen die Falter antworten, so kann sie die Bewegungen der Falter verfolgen und sie leichter fangen.

Über Naturschutz in der Großstadt nachdenken. Das kleine, von vielen Spaziergängern besuchte Raakmoor macht deutlich, welche Probleme es für ein Naturschutzgebiet inmitten der Großstadt geben kann. Soll man die Enten füttern? Es macht viel Spaß, die Enten und Gänse auf dem Teich zu füttern. Aber ist es auch sinnvoll? Die Wasserqualität jedenfalls leidet, wenn zu viele Exkremente des Wassergeflügels hineinkommen. Exkrement ist ein vornehmes Wort für Kot oder Sch... Auch Hunde sind für ein Moor-Naturschutzgebiet ein Problem. Am Wegrand kann man ihre Hinterlassenschaft und deren Folgen erkennen. Wenn hier die Brennnesseln besonders hoch aufwachsen, liegt das an der »Düngung« durch Hundekot. Darüber hinaus können Hunde, die nicht an der Leine geführt werden, Wildtiere beunruhigen. Und dann die Gartenabfälle. Viele Gartenbesitzer der näheren Umgebung entsorgen ihre Abfälle im Raakmoor. Überdüngung und der Eintrag von nichteinheimischen Pflanzen, wie z. B. Japanischer Staudenknöterich und Große Goldnessel, sind die Folge. Sie wuchern und verdrängen unter Umständen andere Pflanzen.

Hintergrundinformation

Früher gab es hier Heide und Moor, soweit das Auge reichte, aber das ist lange her. Dennoch haben wie durch ein Wunder viele Pflanzen und Tiere überlebt, die für Moor und feuchte Lebensräume typisch sind, wie die große Gelbe Sumpfschwertlilie. Diese leicht an ihren langen, schwertförmigen Blättern erkennbare Pflanze ist entlang der Moorgräben und am Ufer des Rückhaltebeckens leicht zu finden. Außerdem wachsen hier der Insekten fangende Sonnentau und der seltene Lungenenzian, der einem kleinen Schmetterling, dem Moorbläuling, eine Heimat bietet.

Gelbe Sumpfschwertlilie

Vor ca. 100 Jahren wurden die unwegsamen Sümpfe teilweise trockengelegt, und in Kriegs- und Notzeiten wurde hier Torf gestochen und als Brennmaterial verwendet. Die Rettung für das Moor kam in letzter Minute, als das Raakmoor 1979 zum

Naturschutzgebiet erklärt und durch Aufstauung der beiden Entwässerungsgräben wieder vernässt wurde. Danach konnten es Birken, Kiefern und Eichen zurückerobern. Bis auf wenige Anpflanzungen haben sich all die verschiedenen Baumarten selbst hier angesiedelt.
Wer sich für die Geschichte des Moores interessiert, sollte sich an den Langenhorner Bürger- und Heimatverein e.V. wenden, Michael Weidmann, Fuhlsbütteler Straße 687, 22337 Hamburg. Dort kann man eine lebendige Schilderung der Langenhorner Moore um 1914 von Konrad Höller in Kopie erhalten. Es ist reizvoll, sein Bild mit dem von heute zu vergleichen. Ein Faltblatt zum Raakmoor gibt es beim Naturschutzreferat im Bezirksamt Hamburg-Nord.

Der besondere Tipp Fledermäuse in sommerlicher Dämmerung bei der Insektenjagd beobachten!
Am besten sucht man sich bei Tageslicht eine freie, baumlose Fläche aus und kommt in der Dämmerung hierhin zurück. Verhält man sich ganz ruhig und sieht in den dunkler werdenden Himmel, so tauchen bald die schwarzen Umrisse der Fledermäuse auf. Schon huschen die lautlosen, schnellen Jäger über unsere Köpfe hinweg, und ab und zu spüren wir den Lufthauch von einem Fledermausflügel im Gesicht. Da ist auch ein bisschen gruseln angesagt.

Anfahrt

U1 bis Langenhorn-Nord. Von dort der Straße Immenhöven folgen und die Tangstedter Landstraße überqueren. Links in die Fritz-Schumacher-Allee, dann rechts ins Herzmoor. Der Fußweg dauert ca. 10 Minuten.

Sieben kecke Schnirkelschnecken

Im Wohldorfer Wald

MARTIN ZÖRNER

Schnirkelschnecken fühlen sich im Wohldorfer Wald sehr wohl. Man kann sie gut an dem dunklen Schnirkelschneckenstreifen auf ihrem gelben Haus erkennen. Auch andere Schneckenarten haben hier im Wald ihre Verstecke: Von der kleinen Turmschnecke, die an Baumstämmen lebt, bis hin zu leopardengemusterten Nacktschnecken im Laub gibt es viele Schnecken zu entdecken.

Schnirkelschnecke

Im Schneckentempo

Wie kriecht eine Schnecke mit nur einem Fuß und ohne Beine? Dies lässt sich beobachten, wenn man sie über eine Glasplatte oder eine durchsichtige Folie laufen lässt: Wellenförmig bewegt sie ihre Kriechsohle von hinten nach vorn und schiebt sich so vorwärts. Dabei verringert der Schleim den Widerstand; so kommt sie auch auf rauen Oberflächen gut voran. Wie schnell ist das Schneckentempo? Wie lange braucht eine Schnecke für 20 cm?
Mit großen Gehäuseschnecken oder Nacktschnecken kann man auch Rennen veranstalten. Dazu lässt man die Schnecken vom Mittelpunkt eines etwa 1 m großen Kreises aus starten. Wessen Schnecke erreicht zuerst den Rand?
(BE)

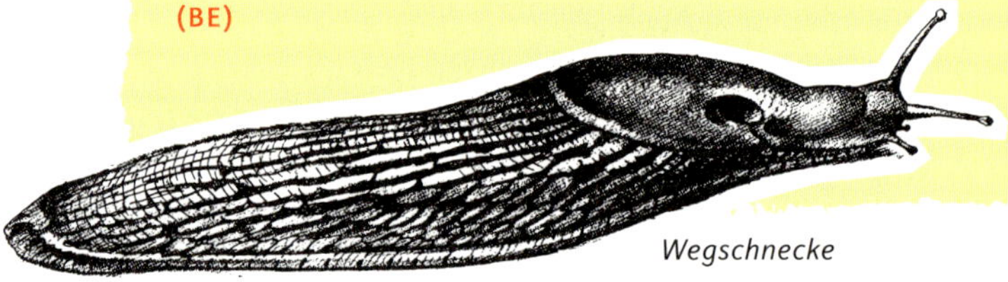

Wegschnecke

Insgesamt haben wir neun verschiedene Schnecken gefunden. Einige waren ganz klein und haben sich zwischen Krümeln im Boden versteckt. (Leon, 9 Jahre)
Der Wohldorfer Wald ist sehr vielfältig: Sumpfige Senken mit Bruchwald aus Schwarzerle und Esche wechseln sich mit trockeneren Bereichen und Erhebungen ab. An solchen Stellen wachsen Buchen, Eichen, Birken und Ahorn, und diese Bäume gibt es hier als Keimlingswinzlinge und als alte Waldriesen von über 200 Jahren. Auch wenn sie tot sind, sind sie für den Wald weiter wichtig. Alte, abgestorbene Bäume (Totholz) werden stehen und liegen gelassen und tragen zu einem Wald mit traumhaft verzauberten Ecken bei. So kann es passieren, dass man eine alte umgestürzte Buche als Picknickplatz auswählt, und plötzlich zeigt ein Kind auf den Stamm, auf dem sich etwas Merkwürdiges bewegt. *Wir konnten die »Geburt« eines Feuerkäfers beobachten. Das Tier hatte sich im Holz fertig verpuppt, und der frisch geschlüpfte Käfer arbeitete sich nun vor unseren Augen mühsam ans Tageslicht.*

Auf dem Stamm saß der feuerrote Käfer dann noch eine Weile in der Sonne und flog dann weg. (Sebastian, 13 Jahre)
Im Wohldorfer Wald leben viele kleine Tiere wie Feuerkäfer und Schnecken, aber auch Kröten und Frösche und große Tiere wie Reh und Fuchs. Gerade die Bereiche des Waldes, die als Naturschutzgebiet ausgewiesen sind, bieten den Tieren genügend Platz, um ungestört zu sein, da die Waldbesucher hier auf den Wegen bleiben. Für den Naturforscher, der natürlich auch mal vom Weg ab in den Wald gehen will, eignet sich der südliche Bereich des Wohldorfer Waldes, nicht weit vom Bahnhof. Hier, im so genannten Erholungswald, kann man auch mal abseits der Wege nach Schnecken und anderen Tieren suchen. Auch die meisten Stationen eines Lehrpfades sind in diesem Teil des Waldes zu finden. Direkt angrenzend an das Gelände der Freiluftschule Wohldorf liegt ein Waldspielplatz. Hier lädt ein Haufen dicker Baumstämme zum Klettern ein.

Feuerkäfer
Marie, 11 Jahre

Was kann man tun?

Baumsachensucher. Was verliert ein Baum so über das Jahr? Im Frühling, beim Austreiben der Blätter, die Knospenhüllen. Später fallen vielleicht Blüten ab. Im Herbst können wir Früchte und Blätter finden. Wer findet die kleinen Baumkinder – die Keimlinge?

Mit Tieren um die Wette springen. Eine Station auf dem Naturlehrpfad ist eine Weitsprunggrube. Die Weiten sind nicht in Metern, sondern in Tieren angegeben. Also: Wer springt so weit wie ein Hase?

Aus diesem Keimling wird eine große Buche

Strömungsversuche. In der Drosselbek, die am Waldspielplatz an der Freiluftschule vorbeifließt, kann man Strömungsversuche machen. Man lässt Blätter oder Stöckchen um die Wette schwimmen. Wo strömt der Bach am schnellsten, warum ist das Stöckchen in der Kurve hängen geblieben?

Nach Spechthöhlen Ausschau halten. In diesem Waldgebiet gibt es fünf verschiedene Spechtarten, die hier ihre Höhlen in die Bäume zimmern. Wenn die Spechte Junge haben und an dem Baumloch landen, fangen die Jungen an, ganz laut zu schreien, damit sie auch ja etwas von dem Futter, das die Eltern bringen, abbekommen.

Suchzettel. Man denkt sich gemeinsam ungefähr fünf Eigenschaften aus. Jeder Mitspieler sucht im Wald Dinge mit diesen Eigenschaften und trägt sie mit den Fundstücken der anderen zusammen. Man kann etwas Weiches, Nasses, Eckiges, Spitzes oder Glattes suchen lassen. Oder etwas Bezauberndes?

Hintergrundinformation

Der Wohldorfer Wald verfügt über ein weit verzweigtes Wegenetz. Er gilt als eines der ältesten Forstreviere Hamburgs und umfasst den größten zusammenhängenden Laubwald dieser Stadt. Nicht ohne Grund heißt der Hamburger Nordosten auch »Die Walddörfer«. Bis in die sechziger Jahre fuhr eine Kleinbahn durch den Wohldorfer Wald. Heute ist nur noch der Damm davon übrig, auf dem ein Wanderweg verläuft. Der nordöstliche Teil des Wohldorfer Waldes mit einer Fläche von 135 Hektar wurde 1982 unter Naturschutz gestellt. Im Nordosten grenzt der Wald an das Naturschutzgebiet Duvenstedter Brook.

Der besondere Tipp Sehr stimmungsvoll ist der Wohldorfer Wald im Frühling, wenn im Mai die Buchen ihr anfangs ganz helles, maigrünes Laub treiben. Schon zuvor ist an einigen Stellen der Waldboden mit einem weißen Teppich von Buschwindröschen bedeckt. Am Wegesrand erscheinen die gelben Blüten von Huflattich und Scharbockskraut. Auch der Waldmeister gesellt sich hinzu. Bekannt als Aroma in Eis und Pudding, kann er hier in natura erschnuppert werden. Später im Jahr wird es am Waldboden für die meisten Pflanzen zu dunkel.

Buschwindröschen

Scharbockskraut

Weitere Möglichkeiten

Historisch-ökologischer Erlebnispfad Wohldorf/ Ohlstedt. Der Pfad beginnt am Ohlstedter Bahnhof (U-Bahnbrücke) und führt ca. 7 km durch den Wald, durch Wohldorf und Ohlstedt. Dieser liebevoll gestaltete Pfad bietet Informationen über die Geschichte der Dörfer, zur Wald-Kleinbahn und zur Nutzung des Waldes. Es gibt Naturerlebnisstationen zum Hüpfen, Schauen oder Wackeln.
Duvenstedter Brook und das Naturschutz-Infohaus. Nordöstlich des Wohldorfer Waldes schließt sich das Naturschutzgebiet Duvenstedter Brook an. Wald, Feuchtwiese und Moor wechseln sich mit wenigen Ackerflächen ab. Im Herbst ist die Hirschbrunft im Duvenstedter Brook sehr eindrucksvoll. Am Abend, in den Nächten oder in den frühen Morgenstunden Ende September und im Oktober kann man dem Röhren der Rothirsche lauschen. Die Hirsche versuchen, andere Hirsche durch ihr Röhren zu beeindrucken und so möglichst viele weibliche Tiere in ihrer Herde zu haben.
Das Naturschutz-Infohaus am Duvenstedter Triftweg ist einen Besuch wert. Hier gibt es Informationen zu dem Gebiet und wechselnde Ausstellungen. Öffnungszeiten im März Sa 12-16 Uhr, So 10-16 Uhr, von April bis Oktober Di-Fr 14-17 Uhr, Sa 12-18 Uhr, So 10-18 Uhr. Die Karte »Naturschutzgebiete Duvenstedter Brook und Wohldorfer Wald« bekommt man im Infohaus und bei der Umweltbehörde.

Anfahrt

Mit der Buslinie 276 bis zur Haltestelle Wohldorf. Oder mit der U1 bis Ohlstedt, dann führt der Weg unter der Bahnbrücke hindurch. Hier hängt eine Geländeübersichtskarte, und es beginnt der »Historisch-ökologische Erlebnispfad Wohldorf/ Ohlstedt«. Nach der Brücke geht es rechts zwischen P & R-Platz und Bahndamm den Wanderweg entlang.

Schnirkelschnecke
Leon, 6 Jahre

Leckere Natur in allen Ecken

Feldmark rund um das Gut Wulfsdorf

MARTIN ZÖRNER

Hörner tragende Kühe und Getreideäcker umrahmt von bunten Knicks: Das klingt wie ein Märchen aus fast vergangener Zeit. Doch hier, am Rand der Großstadt Hamburg, ist dies kein Märchen, sondern Wirklichkeit. Die Landschaft dieser Feldmark ist seit Jahrhunderten durch bäuerliche Bewirtschaftung geprägt. Felder mit Kartoffeln oder Dinkel wechseln mit Wiesen und Weiden. Artenreiche Knicks und Hecken begrenzen die Felder. Etliche Brachstellen, Feldgehölze und Forstparzellen erhöhen die Vielfalt und geben Tieren und Pflanzen einen Lebensraum. Feldhasen sind keine Seltenheit. Fasan und Eisvogel begegnen dem behutsamen Naturbeobachter. Einige Tiere lassen sich in der offenen Feldmark besser beobachten als im Wald, wo der nächste Baum gleich wieder die Sicht verstellt.

Feldhase

In den Kleingewässern legen Molche, Frösche und Kröten ihre Eier ab. Sogar die seltene Knoblauchkröte lebt hier. Nach der Laichzeit verlassen die meisten Amphibien die

Gewässer und verteilen sich in ihrem Sommerlebensraum. Dann können Grasfrösche und Erdkröten entlang der Wege beobachtet werden.

... ein Grasfrosch, den hat Martin gefangen. Alle wollten den Frosch anfassen, aber Martin hat uns erklärt, dass wir zuerst die Hände feucht machen sollen. Wir haben einen Kreis gemacht und die Hände ausgestreckt. Und dann hat Martin den Frosch losgelassen, und er ist von Hand zu Hand gehüpft. Dann hüpfte er auf unsere Schulter und durfte weg. (Anna-Lia, 9 Jahre)

Fasanweibchen

Geformt wurde diese Landschaft mit ihren hügeligen Erhebungen durch die Gletscher der letzten Eiszeit. Als besondere Fracht brachten die Gletscher auch große Mengen von Steinen mit. Diese lagern seit Tausenden von Jahren im Boden

Giftige Früchte des Pfaffenhütchens

Vorsicht vor Eibe und Goldregen

»Was der Bauer nicht kennt, das isst er nicht.« In diesem Spruch steckt ein gutes Stück Lebensweisheit. Erste und einzige Regel im Umgang mit Pflanzen ist: Nur das essen, was man sicher als genießbar kennt. Die meisten Pflanzen und Pflanzenteile sind ungenießbar oder sogar giftig.
Da Pflanzen nicht weglaufen können, müssen sie sich auf andere Weise vor ihren Feinden schützen: durch fraßabwehrende Inhaltsstoffe. Bei der Eibe beispielsweise sind alle Teile giftig. Einzig der rote, fleischige Becher, der den (giftigen!) Samen umschließt, ist genießbar. Und der soll von Vögeln gefressen werden, die so den Samen ausbreiten. Der Goldregen schützt seine bohnenähnlichen Samen durch das besonders starke Gift Cytisin vor dem Gefressenwerden. (HP)

und werden durch Winterfröste millimeterweise langsam an die Oberfläche geschoben. Der kalte Stein liegt im Boden, und bei Tauwetter sammeln sich Wassertröpfchen an seiner Unterseite. Wenn es dann wieder Frost gibt, gefrieren diese Wassertröpfchen zu Eis und dehnen sich aus. Dadurch wird der Stein langsam immer weiter angehoben. Pech für den Bauern, denn die Steine im Acker beschädigen seine Geräte

zur Bodenbearbeitung oder Ernte und erschweren das Pflanzenwachstum.
Seit Hunderten von Jahren nun schleppen die Menschen diese Steine an den Ackerrand, wo sie Steinwälle bilden. Mit der Zeit sammeln sich hier Laub und Erde, so dass Kräuter und Gehölze wachsen können. Diese mit Sträuchern und Bäumen bestandenen Wälle werden in Norddeutschland Knicks oder Wallhecken genannt. Sie entstanden häufig als Einfriedung und Begrenzung der Ländereien. Sie waren Windschutz und Viehzaun

Schlehe

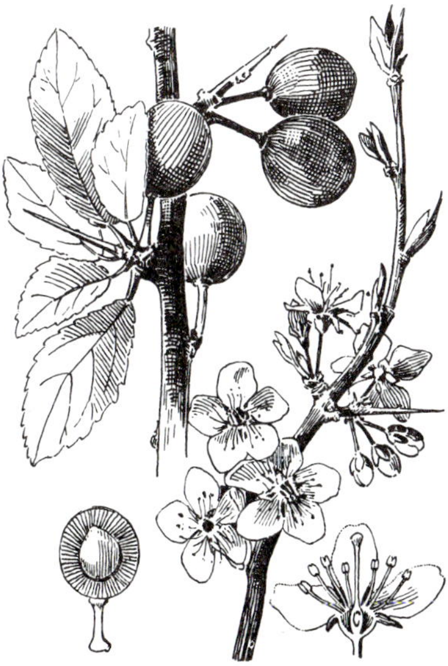

Hagebutten: Früchte der Heckenrose

in einem. Damit der Zaun dichter wurde, hat man damals die Sträucher »geknickt« und die umgeknickten Holzteile in die Hecke geflochten. Einige Bäume, besonders Eichen, durften zu großen Bäumen, den Überhältern, heranwachsen. Sie lieferten Bauholz und Eicheln als Schweinefutter. Dünneres Holz wurde für Holzgeräte aller Art verwendet oder als Brennholz zum Heizen genommen.
Aber ein Knick ist noch viel mehr: Ein Knick ist ein Paradies für Feinschmecker! Tiere finden hier leckere Früchte wie Holunderbeeren, Brombeeren, Hagebutten, Haselnüsse und Schlehen. Da können wir auch Appetit bekommen! Und meistens ist auch genug für alle da. Aber Vorsicht! Nur von Früchten essen, bei denen man genau weiß, dass sie genießbar sind!

Was kann man tun?

Augen zu und Ohren auf. Setzen wir uns doch einmal am Feldrand in die Sonne und betrachten für fünf Minuten das im leichten Wind wogende Gerstenfeld, beschauen die filigran geformten Gerstenhalme und lassen diesen Eindruck auf uns wirken. Und dann machen wir die Augen zu und die Ohren auf: *Zuerst mussten wir alle kichern, aber dann haben wir Vögel piepen gehört. Die Blätter haben gerauscht. Irgendwo hat ein Ast geknackt. Als der Trecker über das Feld gefahren ist, haben wir fast nichts anderes mehr gehört. Es war ganz schön schwierig zu sagen, wo all die Geräusche hergekommen sind. Komisch, dass man das nicht hört, wenn die Augen auf sind. (Marlene, 7 Jahre)*

Über Natur nachdenken. Vielleicht wirft die intensive Betrachtung des Feldes Fragen auf. Wieso steht zwischen den Getreidepflanzen Unkraut? Der ökologisch wirtschaftende Landwirt spritzt kein Gift. Er versucht, die Unkräuter auf verträglichere Weise einzudämmen. Hacken und Jäten gehören genauso dazu wie der wechselnde Anbau verschiedener Früchte (Fruchtfolge). Aber er wird die Unkräuter nie ganz

Marienkäfer

Über 60 verschiedene Marienkäferarten leben in Norddeutschland. Sie haben meistens eine runde Körperform und sind auffallend rot, orange oder gelb mit schwarzen Punkten. Die Anzahl der Punkte hat nichts mit dem Alter der Tiere zu tun, sondern variiert von Art zu Art. Die meisten Marienkäfer ernähren sich von Pflanzenläusen und Spinnmilben und sind daher überaus nützlich. Eine Marienkäferlarve kann weit über 600 Blattläuse fressen! Nur wenige Arten fressen Pilze oder Pflanzen. (MZ)

los und nimmt eine geringere Ernte in Kauf. Ja, haben denn Unkräuter auch irgendetwas Gutes? Unkräuter sind Bestandteil unserer Pflanzenwelt und tragen zur Artenvielfalt bei. Gleichzeitig lockern sie den Boden und helfen den Marienkäfern. Wie bitte? Unkraut soll Marienkäfern helfen? Nun ja: Die

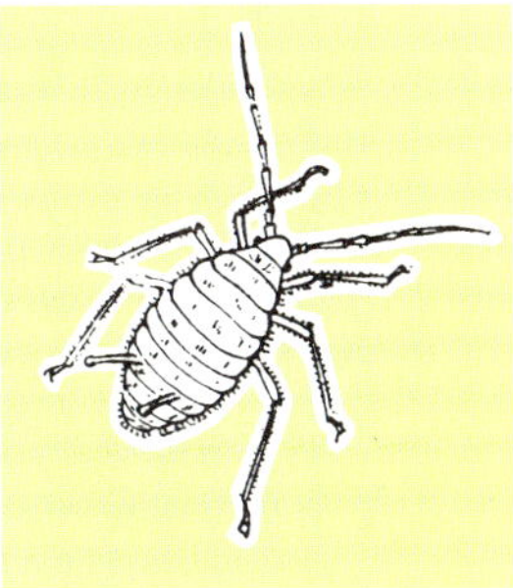

Blattlaus

Marienkäfer ernähren sich vorwiegend von Blattläusen und reduzieren so den Befall auf den Ackerpflanzen. Aber wo finden die Käfer die Blattläuse nach der Ernte oder solange die Ackerpflanzen noch nicht gewachsen sind? Ohne eine Zwischenstation würden viele Käfer nicht überleben, und die bilden die Unkräuter. So sind dann viele hungrige Käfer zur Stelle, wenn auf dem Acker die Blattläuse die Feldfrüchte plagen. Mal sehen, wie viele Marienkäfer wir entdecken können!

Hintergrundinformation

Im Nordosten Hamburgs zwischen Hamburg-Volksdorf und Ahrensburg liegen rund um Wulfsdorf die Flächen des Demeter-Hofes Gut Wulfsdorf. Seit 1989 wird der Hof biologisch-dynamisch bewirtschaftet. Auf einer Fläche von insgesamt 534 Hektar werden Acker- und Gemüseanbau sowie Viehwirtschaft betrieben. Mit Verzicht auf chemisch-synthetische Pflanzenbehandlungsmittel und Kunstdünger werden die Flächen in 6-jähriger Fruchtfolge unter Düngung mit hofeigenem Tiermist und Anwendung von selbst hergestellten Präparaten zur Harmonisierung des Wachstums bewirtschaftet.

Neben der umweltverträglichen Bewirtschaftungsform treten die Hofgemeinschaft und der Initiativkreis Gut Wulfsdorf e. V. direkt für den Naturschutz ein. So werden beispielsweise Kleingewässer in der Feldmark neu geschaffen, vor der Verlandung bewahrt und erhalten, Knicks und Kopfweiden werden gepflegt. Das Gut Wulfsdorf verfügt über einen Hofladen, der neben den hofeigenen auch andere Produkte aus biologischem Anbau anbietet. Auf dem voll bewirtschafteten Hof sind fast immer interessante Dinge zu sehen. Der Besucher darf auch an die Tiere herantreten und sich mit der gebotenen Rücksicht zu folgenden Ladenöffnungszeiten auf dem Hof umsehen: Mo-Fr 9-18.30 Uhr und Sa 8-14 Uhr. Höhepunkte sind im Sommer das Hoffest und im Herbst das Kartoffelfest. Weitere Informationen gibt der Initiativkreis Gut Wulfsdorf e. V., Martin Zörner, Tel. (040) 22 71 72 15. Bei Gruppen wird um Anmeldung gebeten.

Der besondere Tipp Ein kleiner Lehrpfad führt durch die Feldmark, für alle, die gern etwas mehr über ökologische Landwirtschaft und die Natur der Feldmark erfahren möchten. Entlang eines ca. 2,5 km langen Rundweges, der gegenüber der Hofzufahrt zum Gut Wulfsdorf beginnt, wird auf rund einem Dutzend kleiner Infotafeln Wissenswertes aus Landwirtschaft, momentanem Anbau und Natur erzählt. Den Besucher erwarten keine großen Installationen und aufwändige Aufbauten, sondern kleinere Informationseinheiten, die den Blick auf die Natur nicht verstellen.

Ein ganz besonderer Sitzplatz

Weitere Möglichkeiten

Das Haus der Natur ist die Geschäftsstelle des Vereins Jordsand. Das naturkundliche Informationszentrum bietet eine ständige Ausstellung über die einheimische Vogelwelt und ihre Lebensräume. Durch den 8 Hektar großen Park führt ein Naturlehrpfad. Für Schulklassen und andere Gruppen steht nach Anmeldung ein Umweltbildungsangebot zur Verfügung. Wer mehr über die Exkursionen, Vorträge und weitere Veranstaltungen wissen möchte, findet Informationen unter www.jordsand.de oder direkt im Haus der Natur, Bornkampsweg 35, 22926 Ahrensburg, Tel. (04102) 326 56.
Bredenbeker Teich. Nördlich der Wulfsdorfer Feldmark liegt der Bredenbeker Teich, ein schönes Ziel für Wanderungen oder Fahrradtouren. Am nördlichen Ufer des Teiches liegt ein kleiner Campingplatz mit einem Naturbad. Toiletten und ein kleiner Verkaufsstand sind vorhanden. Die Hauptbadestelle ist auch für Kleinkinder sehr geeignet. Neben einem kleinen Natursandstrand wurde ein seichter Nichtschwimmerbereich abgeteilt. Insgesamt ist der zum Baden zugelassene Bereich so groß, dass sich viele Möglichkeiten ergeben, ein ruhigeres Plätzchen zu finden.

Anfahrt

U1 bis Buchenkamp, links ca. 150 m den Moorbekweg entlang, dann rechts in den Wulfsdorfer Weg, nach ca. 100 m führt ein Fußweg links zu einer kleinen Brücke über die Moorbek, nach dieser Brücke muss man sich entscheiden:
Links führt ein Wanderweg entlang der Kuhweiden zum Bornkampsweg, ein kurzes Stück rechts herum, dann besteht die Möglichkeit, an mehreren Wegen nach links in die Feldmark zu gelangen.
Nach der Brücke geradeaus, durch ein kleines Wäldchen zum Hof von Gut Wulfsdorf; geht man nicht auf den Hof, sondern noch ca. 100 m weiter, kommt linker Hand das Haus der Natur.

Marienkäfer
Maureen, 9 Jahre

Dicke und Dünne

Im Volksdorfer Wald

MARTIN ZÖRNER

Der Wald ist klein, und trotzdem kann man sich fast in ihm verlaufen. Viele Wege treffen sich an vielen Kreuzungen, und immer neu kann man über die Richtung entscheiden. Kleine Pfade und breite Wege bieten sich an – vielleicht eine Schnitzeljagd? Richtig verlaufen kann man sich aber doch nicht. Dazu ist der Wald zu klein. Man kann mitten zwischen Bäumen stehen, und auf einmal fährt ganz nah eine U-Bahn vorbei! Denn die Linie U1 fährt direkt durch den Volksdorfer Wald. Spätestens dann weiß man wieder, wo man ist.

Die Folgen eines heftigen Wintersturms

Wald ist nicht gleich Wald! Im Volksdorfer Wald kann man auf engstem Raum verschiedene Waldformen betrachten. Südlich des Meiendorfer Weges auf der Seite des Bahnhofes gibt es einen Fichtenbestand. Dort kann man die typische Waldluft schnuppern und die Waldsilhouette wahrnehmen. Dann geht man mit diesen Eindrücken auf die andere Straßenseite in den Laubwald – der Kontrast ist enorm. Hier spaziert man unter Ahornbäumen zu Eichenbeständen oder steht mitten in einer Gruppe großer Rotbuchen. Wir bestaunen knorrige Wuchsformen und halb gespaltene Stämme, in denen sogar Hornissen nisten. Alte Bäume haben viel zu erzählen. So der Baum, an dem vor Jahren einmal etwas aus Eisen befestigt war. Die Halterung dieser längst vergangenen Konstruktion ist inzwischen in den Stamm eingewachsen.
Die Bäume hier variieren in Alter und Größe. Eine Eichel plumpst auf den Waldboden. Wie wird ihre weitere Bestimmung aussehen? Eichen können 1000 bis 1200 Jahre alt werden, aber vielleicht kommt bereits nach fünf Minuten ein hungriges Eichhörnchen und frisst unsere Eichel! Wenn kein Eichhörnchen und kein Eichelhäher sie holt, liegt sie zwischen Laub und keimt, wenn die Umgebung ihr gefällt. Ihre erste Wurzel bohrt sich in den Boden, der Spross reckt sich zum Licht. Die ersten Blätter strecken sich mutig zum Himmel. Von diesen vielen

Eichenblüte

Wo fliegen sie denn?

Die Zecken, auch Holzböcke genannt, leben im schattigen Unterholz und am Waldrand auf Sträuchern und Gräsern bis zu 1,5 m Höhe und nicht, wie viele Menschen glauben, auf hohen Bäumen. Bei Berührung klammern sie sich an ihren Wirt, den sie durch Duftstoffe des Schweißes wahrnehmen. Zeckensaison ist in Deutschland von April bis Oktober. Im Norden Deutschlands ist die einzige Gefahr bei einem Zeckenbiss eine Erkrankung an Lyme-Borreliose. Vor dem Biss suchen die Tiere bis zu 12 Stunden nach einer weichen Hautstelle, und der Erreger wird erst 24 bis 48 Stunden nach dem Biss übertragen. Deshalb ist es wichtig, sich nach einem Waldspaziergang gründlich abzusuchen und den unliebsamen Passagier schnell herauszuziehen. Dazu sollte man eine Pinzette benutzen und die Zecke möglichst direkt am Kopf packen. Vorsorglich kann man im Wald helle Hosen tragen, darauf sind die Zecken besser zu sehen als auf dunklen, und die Strümpfe über die Hosenbeine ziehen. (VC)

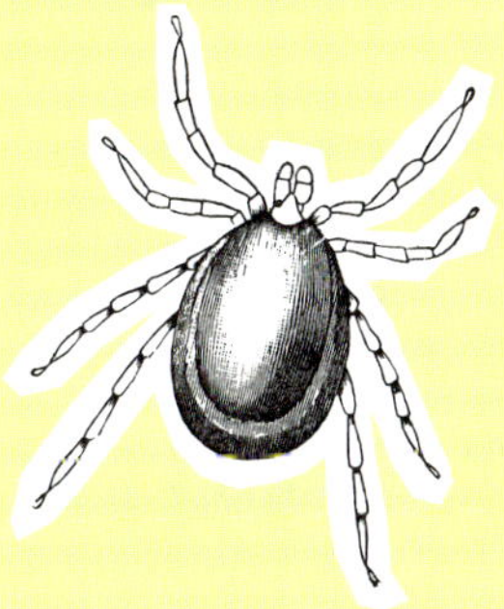

Zecke

»Minis« schaffen es nur ganz wenige, zu Baumriesen heranzuwachsen. Wir können diese Keimlinge und kleinen Bäume näher betrachten. Wurden sie vielleicht schon von Insekten beknabbert, von Rehen oder Kaninchen verbissen? Wie viele wachsen hier? Welche Baumkeimlinge finden wir wo? Ahornfrüchte besitzen einen flügelartigen Auswuchs und werden vom Wind weiter weg getragen. Unter Umständen finden sie so ganz neue Wuchsorte. Sie müssen nicht direkt unter den Altbäumen wachsen, brauchen nicht mit diesen um Licht, Nährstoffe und Wasser zu kämpfen.

Was kann man tun?

Wettfliegen. Bei etwas windigem Wetter kann man, wenn Ahornflieger zu finden sind, Wettfliegen veranstalten. Dazu nimmt jeder einen Ahornflieger in die Hand, und alle stellen sich in einer Linie auf. Am besten auf einer kleinen Erhöhung, einem Baumstamm, vielleicht auf dem Spielplatz. Dann lassen alle die Ahornflieger los und beobachten, wie weit die Früchte fliegen. Wessen Flieger fliegt am weitesten? Gab es etwas Besonderes zu beobachten?

Dicke und Dünne. Mit den Dicken und Dünnen, Geraden und Schiefen kann man Baumtasten spielen. Von zwei Mitspielern werden einem die Augen verbunden, während der andere ihn führt. Bitte Vorsicht! Auf Äste in Kopfhöhe oder Steine am Boden muss immer hingewiesen werden, der Geführte muss seinem Partner vertrauen können. Auf der Tour stoppt der Führer an drei verschiedenen Bäumen – Dicke oder Dünne –, und der Geführte lernt diese durch Ertasten kennen. Am Ende wird ihm die Augenbinde abgenommen. Jetzt soll er seine drei Bäume wieder finden.

Eichhörnchen spielen. Eichhörnchen legen für den Winter Vorräte an. Meistens haben sie viele kleine Verstecke, in denen sie einige Eicheln oder Nüsse lagern. Wenn ein Eichhörnchen dann im Winter Hunger bekommt, muss es seine Verstecke wieder finden.
Ein Gebiet im Wald (etwa 50 × 50 m) wird an den Ecken mit Tüchern markiert. Die Spieler teilen sich in Eichhörnchen und Mäuse. Die Eichhörnchen bekommen jeder sechs Erdnüsse oder Walnüsse und verstecken sie so, dass sie später ihre Verstecke wiederfinden, aber auch so, dass kein anderes Tier die Nüsse findet. Wenn die Eichhörnchen alle Nüsse versteckt haben, kommen die Mäuse ins Spiel und versuchen, möglichst viele Nüsse zu finden. Nach fünf Minuten wird gewechselt. Jetzt sollen die Eichhörnchen ihre restlichen Nüsse wieder finden. Welches Eichhörnchen findet genügend Nüsse wieder,

um den Winter gut zu überstehen? *Heute war ich ein Eichhörnchen. Ich habe Nüsse versteckt und mich zur Winterruhe in meinen Kobel gelegt. Als mir der Magen knurrte, habe ich mich auf die Suche nach Nüssen gemacht. Ich habe drei von meinen sechs Nüssen wieder gefunden, die haben sehr lecker geschmeckt. Es ist für die Eichhörnchen im Winter sehr schwer, ihre versteckten Nüsse und Eicheln wieder zu finden. (Jennifer, 8 Jahre)*

Hintergrundinformation

Das Forstrevier Volksdorf setzt sich aus mehreren einzelnen Waldstücken in den Walddörfern zusammen. Diese liegen verstreut in dem hügeligen Jungmoränengebiet. Der Volksdorfer Wald ist etwa dreieckig, mit einer Länge in Nord-Süd- bzw. Ost-West-Richtung von knapp 1,5 km. Der Wald weist einen hohen Laubholzanteil von 75% auf.

Die Stürme des Jahres 2002 haben in den Walddörfern zu vielen Windbrüchen geführt. Fichten sind besonders anfällig gegenüber dem Wind. Mit ihren flachen Wurzeltellern versuchen sie sich im felsigen Untergrund festzukrallen. Doch Felsen suchen die Fichten, die hauptsächlich im Gebirge beheimatet sind, in Norddeutschland meist vergebens. So kommt es leicht zum Windwurf, wenn die Bäume nach längeren Regenperioden im aufgeweichten Boden einfach keinen Halt mehr finden. Der vor einigen Jahren noch dicht mit Fichten bestandene Waldteil ist durch die Windstürze entsprechend ausgelichtet. Die wenigen Eichen, die dort zwischen dem Nadelholz wachsen, fallen dem Besucher jetzt stärker ins Auge.

Der besondere Tipp Von drinnen sieht der Regen meist schlimmer aus, als er sich draußen anfühlt. Mit Gummistiefeln, Regenjacke und -hose ausgestattet, macht es richtig Spaß, den regennassen Wald zu erkunden. Das Gute dabei: Bei Regenwetter hat man den Wald fast ganz für sich allein. Wie ein Fürst kann man durch den eigenen Regentropfenwunderwald spazieren. Und dann den Regentropfen lauschen; gucken, wie sie in Pfützen fallen und dort Kreise ziehen; ausprobieren, welcher Baum den besten Regenschutz bietet; im Boden buddeln und mal nachforschen, wie tief der Regen schon eingedrungen ist; und es noch mehr regnen lassen, indem wir einen dünnen Baum schütteln – all das geht nur bei Regen. Wenn schließlich doch mal Sonnenstrahlen durch die Wolken kommen, dann glitzern die Tropfen, die noch an den Bäumen hängen. Dann ist der Volksdorfer Wald ein wahrer Regentropfenwunderwald!

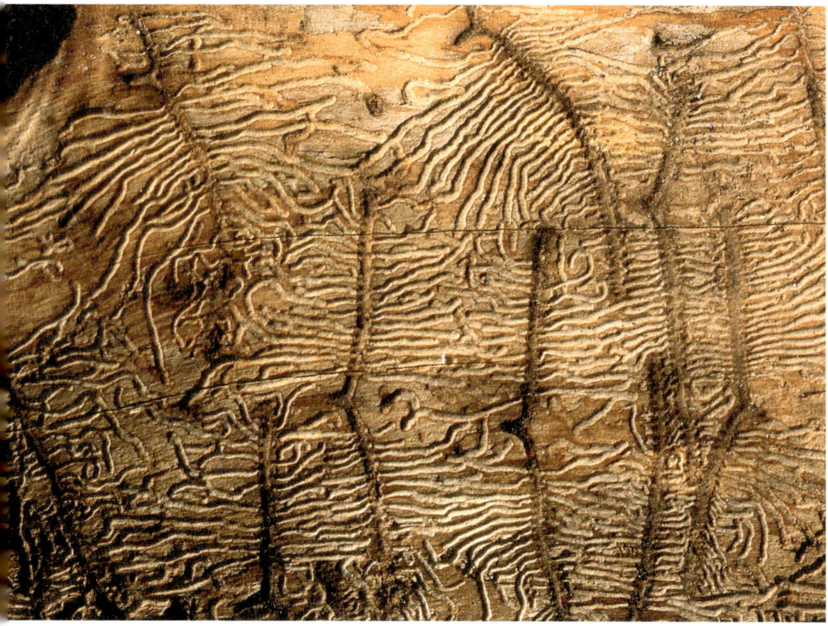

Fraßgänge eines Borkenkäfers

Weitere Möglichkeiten

Einblicke in ein Stück lebendige Vergangenheit bietet das Museumsdorf in Volksdorf, Im Alten Dorfe 46-48, 22359 Hamburg. Fünf reetgedeckte niederdeutsche Hallenhäuser wurden zu einem Museum ausgebaut. Es werden einige Tiere gehalten und gezeigt, wie die Menschen im vorigen Jahrhundert gelebt, gewohnt und gearbeitet haben. Informationen zu den Gewerketagen, Führungen und Öffnungszeiten gibt es unter Tel./Fax (040) 603 90 98. Nähere Informationen zum Wald sind erhältlich unter www.forst-hamburg.de/volksdorf.htm.

Anfahrt

U1 bis Meiendorfer Weg. Oder Metrobuslinie 24 bis Meiendorfer Weg.

Borkenkäfer

Alte Äpfel und wollige Schafe

Das Hamburger Umweltzentrum Karlshöhe

Streuobstwiese

LAVINIA JÜRS

Das Kopfsteinpflaster bringt genau die richtige Einstimmung: Der Hof des Umweltzentrums ist, wie früher die allermeisten befestigten Wege und Plätze, mit Kopfsteinen gepflastert. Autos können hier nur ganz langsam fahren, und auch das Fahrrad stellt man gern ab, um das Gelände des Umweltzentrums Karlshöhe zu Fuß zu erkunden. Das Gelände und die Gebäude gehörten zu einem großen Bauernhof – der Hof ist an drei Seiten von Gebäuden umgeben, denen man noch ansieht, dass sie mal Gutshaus, Feldscheune und Stallgebäude waren.

Ein Erkundungsgang durch das Gelände beginnt bei der alten Streuobstwiese:

Hier wachsen etwa 40 verschiedene regionale Obstsorten, einige von ihnen sind sehr alt und werden kaum noch angebaut. Die Sorten tragen Namen wie Geheimrat Dr. Oldenburg, Altländer Pfannkuchenapfel, Purpurroter Cousinot oder Rote Sternrenette. Von anderen Sorten sind die Namen in Vergessenheit geraten. Die Hühner des Umweltzentrums und ein Gänsepaar haben hier ihr Zuhause und suchen ihr Futter unter den Obstbäumen. Aber auch wir sollten näher treten, um uns diese traditionelle Art des Obstanbaus aus der Nähe anzuschauen.

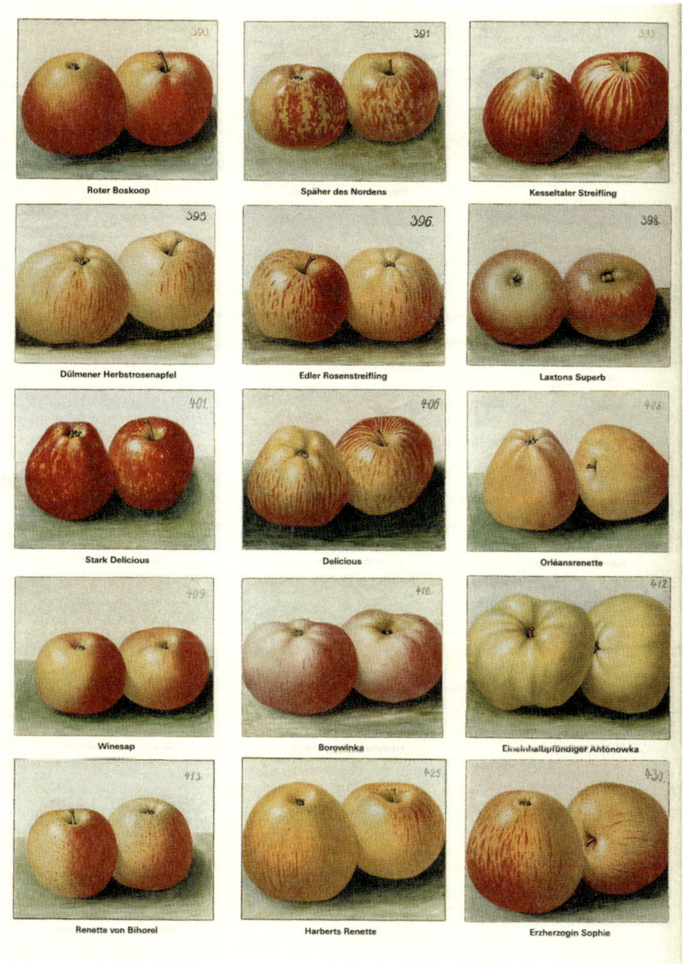

Apfelsorten, Willi Votteler

Von der Streuobstwiese aus geht es hinüber zu einem kleinen Waldstück, das weitgehend unberührt ist. Auf einem kleinen Fühlpfad kann man »blind« und am besten barfuß über unterschiedliche Untergründe gehen und die Besonderheiten

Das Gutshaus beherbergt jetzt die Büros

erfühlen. Vom Wäldchen aus gelangt man zu einer Weidefläche, auf der im Sommer die Schafe des Umweltzentrums grasen. Ganz in der Nähe liegen auch verschiedene Kleingewässer und Feuchtbiotope. Hier kann man im Frühling und im Sommer die kleinen Stichlinge in den Teichen und mehrere Amphibienarten entdecken.
Besonders spannend ist das Beobachten auf dem extra dafür angelegten Holzsteg. Hier kann man sich auf den Bauch legen und mit den Augen ganz dicht an der Wasseroberfläche den Wassertieren auflauern. Wenn dann noch die Sonne scheint, lassen sich im Sommer Libellen bei der Eiablage oder Wasserläufer bei der Jagd beobachten. Und erst der Blick in das Wasser hinein: Selten kann man so schön in den Lebensraum Wasser hineinblicken – ganz ohne nasse Füße!
Zurück zum Hof, führt der Weg über eine Wiese, vorbei an einem Modell unseres Sonnensystems. Die Planeten sind – natürlich verkleinert – entlang des Weges so angeordnet, dass

Ein Bewohner der Streuobstwiese

man sich die Abstände, die sie voneinander und von der Sonne haben, gut vorstellen kann.
An verschiedenen Punkten auf dem Gelände sind Tafeln aufgestellt, auf denen man etwas über den jeweiligen Ort erfährt, über die Streuobstwiese, die Pflanzenkläranlage oder die Rauhwolligen Pommerschen Landschafe.

Was kann man tun?

Planeten-Jogging. Wir treffen uns bei Jupiter. Wer von hier aus zuerst bei Mars ist, darf das nächste Ziel bestimmen. Vielleicht trifft man sich dann bei Neptun, und wo war noch mal die Venus?

Saturn mit seinen Ringen

Patenschaft. Warum nicht einen der Apfel-, Birnen-, Kirsch- oder Pflaumenbäume auf der Streuobstwiese aussuchen und für diesen Baum eine Baumpatenschaft übernehmen? Patenurkunde und weitere Informationen dazu gibt es im Umweltzentrum.

Bienen beobachten. Am »Lehrbienenstand« kann man in einem ganz besonderen Kasten durch eine Glasscheibe den Bienen bei ihrer Arbeit in den Waben zusehen.

Die Königin und ihr Volk

Im Bienenstaat dreht sich alles um die Königin. Nur sie legt Eier und garantiert damit den Erhalt des Volkes. Ihre Untertanen sind unfruchtbare Weibchen, die als Arbeitsbienen verschiedene Jobs haben. Zuerst sind sie im Stock beschäftigt, später fliegen sie draußen herum und sammeln Pollen und Nektar von den Blüten. Aus dem Nektar wird dann in den Waben des Bienenstocks Honig, mit dem sie Königin und Larven füttern. Sollen aus den Larven Königinnen werden, bekommen sie besonderes Futter, das berühmte Gelée royale. Die junge Königin, die als Erste schlüpft, sticht zunächst alle anderen jungen Königinnen tot, dann begibt sie sich auf Hochzeitsflug. Hoch steigt sie in die Lüfte, verfolgt von einem Schwarm von Männchen, mit denen sie sich im Flug paart. Nachdem sie ihre Funktion erfüllt haben, sterben die Drohnen. Die junge Königin kehrt meist in das Nest zurück, und der Kreislauf beginnt von neuem. (GB)

Königin

Arbeiterin

Das Jahreszeitenspiel. In dem kleinen Waldstück treffen wir uns an einem großen Baum und bilden Zweiergruppen, wobei einer einen Baum, der andere die Jahreszeiten darstellt. Die beiden stellen sich hintereinander auf, und ein Dritter erzählt, was im Wald los ist: Die warme Frühlingssonne streichelt den Baum, ein leichter Frühlingsregen tropft auf die jungen Blätter (hier kann der Frühling dem Baum leicht mit den Fingern auf die Schulter klopfen). Vielleicht kriecht ein Käfer den Stamm hoch, ein Vogel baut oben (auf dem Kopf) ein Nest, und irgendwann kommen die

Herbststürme und rütteln den Baum kräftig durch. Im Winter scheuert sich dann ein Wildschwein ganz kräftig an dem Stamm. Was kann in den Jahreszeiten noch so an dem Baum geschehen? Wichtig ist dabei immer, dass der Jahreszeiten-Darsteller dem Baum nicht wehtut!

Hintergrundinformation

Das Gelände des Hamburger Umweltzentrums Karlshöhe ist rund 9 Hektar groß. Hier in Bramfelds Norden hat der Landwirt Carl Reimers in der Mitte des 19. Jahrhunderts seinen Hof erbaut: die Carlshöhe. Bis in die siebziger Jahre wurde der Hof landwirtschaftlich genutzt. Anfang 2001 übernahm der Bund für Umwelt- und Naturschutz (BUND) Landesverband Hamburg die Trägerschaft für das der Stadt gehörende Umweltzentrum und führt es in Kooperation mit der Behörde für Umwelt und Gesundheit. Im Umweltzentrum arbeiten verschiedene Vereine, Arbeitsgruppen und Einzelpersonen mit dem BUND als Träger zusammen.

Bienen, Hummeln, Wespen und Hornissen

Wespen, Bienen und Hummeln können uns stechen – also sofort totschlagen? Bienen wohl nicht, sonst gäbe es ja kein Honigbrötchen. Hummeln stechen eigentlich nur, wenn man sie festhält. Außerdem bestäuben sie viele Blüten, ohne die es kein Obst gäbe. Gerade die Hummeln können dies mit ihrem Pelz auch noch bei kaltem Wetter tun. Bei den Wespen sind nur die Arten aggressiv, die ihre Nester im Erdboden bauen. Nester an der Dachrinne gehören eher friedlichen Zeitgenossen. Nicht alle Arten haben eine Wespentaille. Arten ohne Taille sind völlig harmlos. Hornissen brummen zwar gefährlich, stechen aber nur, wenn man sie wirklich ärgert. Außerdem fressen Wespen und Hornissen andere Insekten und machen sich so nützlich. Wenn man faules Obst oder einen Teller mit Saft lange genug in einer entlegenen Ecke des Gartens deponiert, reicht das, um beim Tortenessen nicht gestört zu werden. (JH)

Der besondere Tipp Den Solargarten, ein Projekt der Arbeitsgemeinschaft Natur und Umweltbildung (ANU), erkunden: Dafür ist ein Schlüssel nötig, der zu den Bürozeiten ausgeliehen werden kann. Um zu erleben, was mit der Energie der Sonne bewirkt werden kann, reichen schon der eigene Po sowie schwarze und weiße Sitzunterlagen. Gibt es Unterschiede in der Sitztemperatur? Die kleine Fontäne im Teich wird durch Sonnenenergie betrieben: Was passiert, wenn man die Solarzelle mit der Hand abdeckt?

Weitere Möglichkeiten

Das Umweltzentrum lädt mehrmals im Jahr zu großen Veranstaltungen auf dem Hof und in den Gebäuden ein, wie im Frühjahr zum Pflanzenmarkt, im Herbst zu den Apfeltagen und im Winter zum stimmungsvollen Adventsmarkt.
Mit seinen Arbeitsgemeinschaften hat der Verein Umweltzentrum Karlshöhe jede Menge Spannendes parat. So kann man in der AG Schafe und Ziegen vieles über die Rauhwolligen Pommerschen Landschafe erfahren.
Grünes Telefon: Hier kann man Umweltberatung zu Fragen bekommen, die einen in der Wohnung oder im Garten beschäftigen. Tel. (040) 600 386 13, Mo-Do 10-14 Uhr.
In der Nähe des Umweltzentrums stehen Häuser, die man nicht überall sehen kann. Sie wurden unter ökologischen Gesichtspunkten gebaut, und dabei wurde darauf geachtet, dass sie möglichst wenig Energie verbrauchen. Und dann gibt es noch die Solarsiedlung Karlshöhe. Auf den Dächern der Häuser fangen 3000 m^2 Kollektoren die Sonnenwärme ein.
Adresse:
Hamburger Umweltzentrum,
Karlshöhe 60 d,
Tel. (040) 600 386 0,
Fax (040) 600 386 20,
e-mail: hamburger.umweltzentrum@bund.net,
www.bund.net/hamburg
Das Gelände des Umweltzentrums kann jederzeit besucht werden, der Eintritt ist frei. Zeiten, zu denen man Mitarbeiter antrifft, sind: Mo-Fr zwischen 9 und 17 Uhr.

Anfahrt

S1 bis Wellingsbüttel oder U1 bis Farmsen. Von beiden Stationen fährt die Metrobuslinie 27 zur Station Umweltzentrum Karlshöhe. Parken ist auf dem Hof möglich, allerdings nicht bei größeren Veranstaltungen.

HAMBURGER
UMWELTZENTRUM

Dünensand im Binnenland

Das Naturschutzgebiet Boberger Niederung

KAREN ELVERS

Wir sind in die Wüste gegangen und haben Löwen gesehen. Die Wüste waren die Boberger Dünen, und die Löwen waren Ameisenlöwen. Es war spannend wie auf einer richtigen Expedition. Wir haben uns vorsichtig um den Trichter gehockt und einem Ameisenlöwen bei der Jagd zugesehen. (Sebastian, 10 Jahre)

Unglaublich, dass es das in Hamburg gibt: große offene Sanddünen, fast wie am Meer, aber auch ein Moor, so nass, dass man darin versinken kann; Wiesen mit Orchideen; ein Wald, in dem die Bäume wachsen dürfen, wie sie wollen; ein See zum Schwimmen; Rad- und Wanderwege und eine Rodelbahn. Das Gebiet ist so groß und vielfältig, dass man leicht die Übersicht verlieren kann. Da lohnt es sich, erst einmal im Infohaus vorbeizuschauen. Hier kann man sich in einer Ausstellung darüber informieren, was es alles zu sehen gibt und wie die Landschaft der Boberger Niederung entstanden ist. Vor allem aber kann man hier Tipps bekommen, welcher Weg zu welcher Jahreszeit besonders lohnend ist und wie man die Natur hier auf eigene Faust entdecken kann. Wer es dann ganz genau wissen will, sollte an einer der vielen Führungen teilnehmen. Gut ausgeschildert ist der Weg von hier aus zur Düne. Und den sollten alle einmal gegangen sein, um sich selbst davon zu überzeugen, dass es so etwas in Hamburg wirklich gibt! Auf der Düne sind Bereiche abgezäunt, damit Tiere und Pflanzen nicht zu sehr gestört werden. Zum Beispiel der Ameisenlöwe, der hier seine Trichter baut und auf Beute wartet. Wenn man ihn sehen will, muss man sich

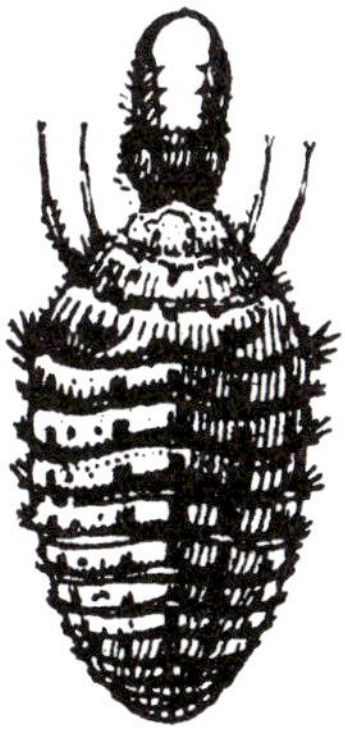

Ameisenlöwe

Silbergras auf der Boberger Düne

Ameisenlöwe und Nachtlibelle

In offenen Sandflächen findet man manchmal kleine Trichter, etwa 4 cm tief. Hier wohnt der Ameisenlöwe. Er sitzt unten in seinem Trichter in den Sand eingegraben und wartet, bis eine Ameise oder ein anderes kleines Insekt zu ihm hinunterrutscht. Dann packt er die Beute mit seinen Mundwerkzeugen und saugt sie aus. Der Ameisenlöwe ist die räuberische Larve der Ameisenjungfer, ein Insekt mit vier netzadrigen Flügeln. Weil es ein bisschen wie eine Libelle aussieht und meist in der Dämmerung unterwegs ist, wird es auch Nachtlibelle genannt. (GB)

Ameisenjungfer, Ameisenlöwe in Trichter

einer Führung anschließen. Große Flächen der Dünen dürfen aber betreten werden. Man kann hier toben und rutschen. Das kann – wenn man dabei vorsichtig ist – sogar im Sinne des Naturschutzes sein, denn es hält die Düne in Bewegung und lässt immer wieder neue Lebensräume entstehen. So kann man das echte Dünengefühl bekommen.

Von den Dünen aus führt ein Weg zum Baggersee, in dem gebadet werden darf. Ein längerer Rundweg führt um den Segelflugplatz, am Achtermoor vorbei und wieder zur Düne zurück. Aber auch kürzere Spaziergänge sind möglich.

Was kann man tun?

Barfuß über die Düne gehen. Schuhe aus! Der Sand rieselt sowieso rein. Und dann mit den Füßen die Temperaturen messen, erst an der Oberfläche fühlen und dann langsam immer tiefer in den Sand eindringen. Wird es wärmer oder kälter? Spuren im Sand: Welche Spuren hinterlasse ich, wenn ich hüpfe, gehe, renne? Alle gucken weg, und einer macht Spuren im Sand, dann rätseln alle gemeinsam, wie er das wohl gemacht hat. Wer es rausbekommt, macht die nächsten Rätselspuren! Auch einige Tiere und Pflanzen hinterlassen Spuren im Sand – wer findet welche? Beweisfotos machen: Ich war am Sonntag in der Wüste! Das kann man hier gut machen, wenn man nur darauf achtet, dass keine verräterischen Bäume mit aufs Bild kommen. Es gibt genug Einstellungen, wo nur Sand, Sand und Himmel zu sehen sind.

Auf Sandwegen durch Baumwipfel gehen. Eine echte Düne lebt, ihr Sand verweht, sie wandert. Das kann man im Süden der Düne sehen, wo sie sich in die Marsch vorgeschoben und dabei einen kleinen Eichenwald überwachsen hat.
Benjamin hat mich in die Baumkrone einer alten Eiche geführt, ihr Stamm ist völlig im Sand verschwunden, und nur die Äste ragen heraus. Ich habe mit verbundenen Augen an einem Ast gerochen, seine rissige Rinde gefühlt und meine Arme um ihn geschlungen. Nachdem Benjamin mich zurückgeführt hat und mir die Augenbinde abgenommen hat, habe ich versucht, den Ast wieder zu finden. Ich habe ihn gefunden! Ich hätte nicht gedacht, dass jeder Ast so unterschiedlich ist. (Mark, 8 Jahre)

Sandlaufkäfer
Julia, 13 Jahre

Geräusche-Memory. Jeder kennt es – das Memory-Spiel. Aber anstatt mit Karten und Bildern, kann es auch mit Sachen gespielt werden, die unterschiedliche Geräusche erzeugen. Am besten besorgt man sich schwarze Filmdosen oder irgendwelche anderen undurchsichtigen Gefäße. Vor Ort werden sie dann mit den unterschiedlichsten Materialien gefüllt (je zwei natürlich mit den gleichen Materialien), Sand, Bucheckern, Eicheln, Tannennadeln, trockene Blätter und vieles mehr bieten sich an. Und dann wird geschüttelt und gelauscht, denn beim Geräusche-Memory kommt es auf das Hören an!

Hintergrundinformation

Die Boberger Niederung liegt im Bereich einer ehemals ausgedehnten Binnendünenlandschaft am Rande des Elbe-Urstromtales südöstlich von Hamburg. Das 350 Hektar umfassende Areal wurde 1991 als Naturschutzgebiet ausgewiesen. Es gehört mit einem Mosaik verschiedener Lebensräume und einer Fülle seltener und bedrohter Tier- und Pflanzenarten zu den naturkundlich wertvollsten Gebieten in Hamburg. Das Gebiet ist durch menschliche Nutzung stark geprägt worden. Von den Dünen wurde Sand abgebaut (darauf fährt jetzt die Bahn nach Berlin); durch Kiesentnahme für die Autobahn bildete sich der Baggersee; die Orchideenterrassen entstanden durch das Abgraben von Ton für eine Ziegelei; und im Achtermoor gibt es zwei Teiche, weil hier früher Torf gestochen wurde. Sand, Kies, Torf und Ton – das sind ganz unterschiedliche Rohstoffe, die direkt nebeneinander gewonnen wurden. Offenbar hat man in diesem Gebiet früher ständig herumgebuddelt. Diese Nutzung durch den Menschen und die Vielfalt der Bodentypen erklären, warum sich in der Boberger Niederung so viele verschiedene Lebensräume entwickelt haben.

Dünen, Trockenrasen und Heiden

Nach der letzten Eiszeit wurden von den Schmelzwassern im Elbe-Urstromtal große Mengen Sand und Kies abgelagert. So entstanden zahlreiche Sandbänke, die von starken Winden am Geesthang zu mächtigen Dünen aufgeweht wurden. Es entstand eine bis zu 30 m hohe Dünenlandschaft. Der größte Teil der Sandmassen wurde im Laufe der letzten 150 Jahre systematisch abgebaut. Geblieben ist die 5 m hohe »Boberger Düne«, ein Dünenrest mit großen vegetationslosen Sandflächen, Trockenrasen und Heideflächen. Solche Trockenbiotope sind als Lebensraum wärmeliebender Insektenarten besonders wertvoll. Seltene Grabwespen, der Dünen-Sandlaufkäfer, der Ameisenlöwe und die in Hamburg nur in Boberg lebende Blauflügelige Ödlandschrecke finden auf den offenen oder lückig bewachsenen Sandflächen ihren Platz. Als typische Pflanzen der nährstoffarmen Trockenrasen wachsen hier Silbergras, Kleines Habichtskraut und Berg-Sandglöckchen. Birken und Eichen sind die charakteristischen einheimischen Baumarten auf diesen trockenen Standorten.

Der Baggersee ist nicht nur ein beliebtes Badegewässer, er ist auch für Wasservögel, Libellen- und Amphibienarten wichtig. Mit etwas Glück kann man den scheuen Eisvogel beim Beutefang beobachten. Man erkennt ihn am besonders schönen blauen Gefieder. Durch seine Schnelligkeit und sein Tauchvermögen ist er ein ausgezeichneter Fischer.

Die Sandbiene, ein typischer Bewohner der Boberger Dünen

Eisvogel

Das Achtermoor. Am Hang des Urstromtales gab es viele Quellen. Dort, wo die undurchlässigen Tonschichten angeschnitten wurden, trat das Wasser aus und bildete kleine Seen, vor allem dort, wo die Dünen den Abfluss behinderten. Diese Seen wuchsen im Laufe der Zeit langsam zu und verlandeten zu einem Niedermoor, dem Achtermoor. Nach Ende des Zweiten Weltkrieges wurde hier Torf abgebaut, um kostbares Heizmaterial zu gewinnen. Nach drei Jahren gab man die Nutzung jedoch auf, und seitdem konnte sich die Natur weitgehend ungestört zu einem Erlenbruchwald entwickeln. Das ist der Lebensraum für über 40 seltene oder gefährdete Pflanzen- und Tierarten wie verschiedene Libellen, den Moorfrosch und den Straußblütigen Gilbweiderich.

Die Orchideenterrassen. Im östlichen Teil der Boberger Niederung hat der Geesthang einen auffälligen stufenförmigen Aufbau. An dieser Stelle wurde bis zu Beginn unseres Jahrhunderts terrassenförmig Ton abgebaut. Durch die freigelegten Schichten und den anfallenden Abraum kam ein Mosaik unterschiedlicher Böden zum Vorschein. Die sonnenreiche Südhanglage, die Feuchtigkeit und der Kalkgehalt des Bodens ergaben ideale Standortbedingungen für Orchideen, unter anderem für das Breitblättrige Knabenkraut, die Sumpfstendelwurz und das Große Zweiblatt.

Der besondere Tipp Im Naturschutz-Informationshaus »Boberger Niederung« zeigen zwei Modelle die Natur, wie wir sie draußen sehen. Ein Schaubild zeigt die Viel-

Erlenbruchwald

falt der Landschaft um Boberg. Hier kann man die verschiedenen Vögel in Ruhe betrachten, denn hier fliegen sie nicht weg. Draußen können wir sie später leichter wieder erkennen. Das zweite Modell ist ganz neu und führt uns in die Unterwasserwelt der Bille, die am Naturschutzgebiet entlangfließt.
Naturschutz-Informationshaus »Boberger Niederung«, Boberger Furt 50, Tel. (040) 73 93 12 66, Fax (040) 73 93 12 68, www.stiftung-naturschutz-hh.de/boberg. Öffnungszeiten: Mi-Fr 9-13 Uhr, Sa 12-17 Uhr, So 11-17 Uhr. November bis Februar samstags geschlossen. Der Eintritt ist frei. Hier gibt es den halbjährlichen Veranstaltungskalender und Informationsbroschüren zum Gebiet.

Weitere Möglichkeiten

Am **Segelflugplatz** kann man zusehen, wie die Flugzeuge in die Lüfte gehievt werden und danach ohne Motor ihre Kreise ziehen. Dies findet vor allem am Wochenende bei gutem Wetter statt, also an warmen Tagen, wenn sich die Luft über dem Boden erwärmt und am Hang nach oben steigt.
Im Winter lädt die **Rodelbahn** im Osten des Gebietes ein. Hier wachsen viele seltene Pflanzenarten. Man hat festgestellt, dass der Rodelbetrieb ihnen nicht schadet, sondern im Gegenteil mit dazu beiträgt, die für sie günstigen Lebensbedingungen zu erhalten.
Im Südosten des Gebietes enden die Trockenlebensräume abrupt. Unmittelbar an die Dünenlandschaft schließt sich die für die Vier- und Marschlande typische, von Gräben durchzogene Streifenflur an. Es lohnt sich, über den Billwerder Billdeich anzureisen. Von hier hat man einen eindrucksvollen Blick in diese alte Kulturlandschaft und auf historische Bauernhöfe in den Reihendörfern entlang der Deichstraße. Schön ist auch ein Besuch der Billwerder Kirche und des Glockenhauses mit dem Deutschen Malermuseum.
Kulinarisches gibt es im Dorfkrug, Boberger Furtweg 1, 21033 Hamburg, Tel. (040) 73 98 190 (gleich neben dem Infohaus) oder im Restaurant Filoxenia im T. C. Blau-Weiß Lohbrügge, Moosberg 2, 21033 Hamburg, Tel. (040) 72 00 56 44. Außerdem gibt es einen Kiosk am Segelflugplatz.

Anfahrt

S21 bis Mittlerer Landweg und Buslinie 221 bis Boberger Furtweg oder U3 bis Mümmelmannsberg und Metrobuslinie 12 bis Schulredder.

Wasser, Wiesen und Walderlebnisse

Im Öjendorfer Park

HEIKE MARKUS-MICHALCZYK

60 Meter hoch ist der Rodelberg im Öjendorfer Park, und damit einer der höchsten Berge im Osten von Hamburg. Allerhand, wenn man bedenkt, dass er künstlich aufgeschüttet wurde. Und zwar mit Trümmerschutt, den man nach dem Krieg aus der zerbombten Innenstadt mit der Trümmerbahn hierher geschafft hat. Nichts mehr ist davon zu sehen, wenn man auf

Der Öjendorfer See im Winter

Die Wiesen am Öjendorfer See

dem Gipfel des Berges steht und den Blick über den Öjendorfer Park schweifen lässt. Wiesen, Feldgehölze, Wälder, Wasser, weit im Westen die Großstadt Hamburg. Schön ist es hier. Der Öjendorfer See mit seinem großen Vogelschutzgebiet hat 1000 Quadratmeter Fläche, und auch er ist erst vor 50 Jahren entstanden. Das Ufer säumen Erlen, dichte Weidengebüsche und ein breiter Schilfgürtel. Auf dem Wasser tum-

Graureiher

Haubentaucher

Entenfüttern strengstens verboten

Das leckere Toastbrot verschlechtert nämlich die Wasserqualität! Nicht gefressene Futterreste und Vogelkot sammeln sich am Boden des Gewässers. So gelangen zu viele Nährstoffe in das Wasser und bringen das natürliche Gleichgewicht durcheinander. Die Selbstreinigungskraft des Gewässers ist geschwächt, und die Tiere fressen nicht mehr ihre natürliche Nahrung wie Wasserpflanzen und Algen. Also: Toastbrot in den Toaster! (VC)

meln sich Haubentaucher bei der Balz, Graugänse mit ihren Jungen, Blässhühner und verschiedene Entenarten. Mit ein bisschen Glück und Geduld lassen sich Graureiher am Seeufer bei der Lauerjagd nach Fischen beobachten.
Wer kennt den Öjendorfer Park, wenn er nicht gerade in Billstedt oder Horn wohnt? Dabei ist er einer der größten Parks in Hamburg und trotz seines geringen Alters erstaunlich vielfältig. Die meisten Menschen suchen ihn auf, um spazieren zu gehen, Rad zu fahren, den Hund auszuführen oder zu spielen. Natur beobachten ist für die meisten Parkbesucher kein Thema. Und dabei gibt es hier viel zu entdecken.

Blässhuhn

Was kann man tun?

Baden gehen. Bei gutem Wetter laden die zwei Badestellen am östlichen Seeufer zum Planschen und Buddeln ein. Hier kann man selbst gebastelte Rindenschiffchen ausprobieren oder sich selbst im flachen Wasser treiben lassen. Die Wiesen dürfen betreten werden, so dass sich hier jeder nach Herzenslust austoben kann.

Anschleichspiel. Dazu wird ein Kreis gebildet. Eine Person hockt sich mit verschlossenen Augen in die Mitte. Genauso wie die Waldtiere lauscht sie, was um sie herum passiert. Ein Mitspieler aus dem Kreis pirscht sich an das Waldtier heran – ganz leise, um nicht bemerkt zu werden. Sobald das Waldtier etwas hört, deutet es in die Richtung des Geräusches und darf sich nun selbst im Anschleichen versuchen. Nachdem alle einmal an der Reihe waren, kann man das Indianeranschleichen gemeinsam ausprobieren: Dazu bewegen sich alle ganz langsam und setzen die Füße mit dem äußeren Rand auf, rollen den Fuß zur Mitte ab und schleichen so leise wie möglich in den Wald hinein. *Habt ihr mal probiert euch durch raschelndes Laub anzuschleichen? – Das ist fast unmöglich – und wenn man fast am Ziel ist, dann knackt doch noch ein Stöckchen ... (Paulina, 8 Jahre)*

Verstecken und Entdecken Im Wald lässt sich mit Tüchern leicht ein Bereich abstecken, in dem einer verschiedene kleine Sachen wie Salzstreuer, Teelöffel, Schlüsselanhänger, Streichhölzer usw. aufhängt. Die anderen Mitspieler gehen nacheinander den abgegrenzten Bereich entlang und schauen, wie viele Sachen sie entdecken können. Dabei darf nicht auf die Sachen gezeigt werden und auch nichts gesagt werden. Ein spannendes Spiel, bei dem Konzentration und Beobachtungsgabe gefragt sind, und das die Augen dafür öffnet, wie Tarnung funktioniert.

Hintergrundinformation

Das Gelände des Öjendorfer Parks wurde bis in die dreißiger Jahre landwirtschaftlich genutzt. In den Jahren 1925 bis 1929 wurden die Flächen in einer Tiefe von 10 bis 12 m ausgebaggert, das Baggergut – acht Millionen Kubikmeter Sand und Kies – für die Aufhöhung der Horner Marsch verwendet. Dann blieb das Gelände liegen, und im so genannten Öjendorfer Ausstich siedelten sich sogar Orchideen an, die Botaniker von weit her anlockten. Aber die Pracht dauerte nur kurze Zeit. Nach Ende des Zweiten Weltkriegs wurde ein Teil der Grube mit drei Millionen Kubikmetern Trümmerschutt aufgefüllt. Mehr als die Hälfte davon wurde später wieder entnommen und in einer Trümmerverwertungsanlage zu Splitt verarbeitet. 1954 wurde die Grube durch den Bau eines Durchstichgrabens zum Schleemer Bach am nördlichen Ende aufgestaut. Seitdem dient der Öjendorfer See als Rückhaltebecken für den Schleemer Bach. Ab 1959 erfolgte schrittweise die Umwandlung und Modellierung des Geländes in den Öjendorfer Park.

Der besondere Tipp Ein besonderes Kleinod befindet sich im südöstlichen Teil des Öjendorfer Parks. Hinter einer Baumreihe mit alten Eichen liegt eine Wiese, die nur einmal im Jahr gemäht wird. Weidenröschen und junge Birken bestimmen das Bild. Im Hochsommer zirpen Tausende von Heuschrecken im hohen Gras. Hier kann man sich die Grashüpfer ganz aus der Nähe anschauen und vielleicht sogar herausfinden, wie die Heuschrecken ihre Geräusche machen.

Grasfrosch

Aber nicht nur das: Vielleicht findet man den Weg zum »Geheimteich«, der etwas versteckt im jungen Birkenwald liegt. Es lohnt sich, die Wasserfläche genau zu betrachten. Im Frühling laichen hier Grasfrösche, später schwimmen die Kaulquappen am Ufer umher, und über dem Wasser jagen Libellen. Das Gewässer wird von Klein- und Großlibellen als Kinderstube genutzt: Die Libellen legen ihre Eier an Unterwasserpflanzen ab, und im gleichen Jahr schlüpfen die Larven aus den Eiern. Sie leben räuberisch von anderen Teichbewohnern, bis sie schließlich einen Pflanzenstängel erklimmen, um sich ein letztes Mal zu häuten und als erwachsenes Tier die Flügel auszubreiten und davonzufliegen. Manchmal kann man die leeren Häute an den Halmen finden.

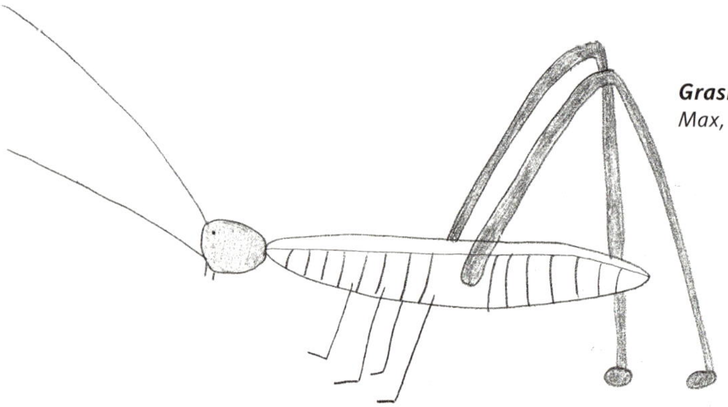

Grashüpfer
Max, 9 Jahre

Wassertiere anfassen?

Im Wasser gibt es, genau wie an Land, eine ganze Menge wehrhafter Tiere. Aber giftig oder gefährlich für uns ist keins der heimischen Wassertiere. Große Käferlarven und auch erwachsene Käfer haben kräftige Beißwerkzeuge, weil sie räuberisch leben, wie die Larve des großen Gelbrandkäfers. Damit können sie uns schon mal beißen. Und einige Wasserwanzen wie der Wasserskorpion können uns mit ihrem Stechrüssel, der zum Aussaugen der Beute gedacht ist, bei Gefahr auch stechen. Dies tun sie aber alle nur, wenn sie sich bedroht fühlen. Gehen wir vorsichtig mit den Tieren um und setzen sie in ein Gefäß mit Wasser, können wir sie in Ruhe betrachten. (HS)

Weitere Möglichkeiten

Vogelkundliche Rundgänge werden vom Naturschutzbund (NABU) in jedem Frühjahr unter dem Titel »Was singt denn da?« veranstaltet. www.nabu-hamburg.de.
Drachenfest. Eine besondere Attraktion ist alljährlich im Spätsommer das Drachenfest auf den weiten Wiesen, Infos unter www.drachengruppe-hamburg.de.
Minigolf spielen. Der Minigolfplatz am Südende des Parks hat während der Saison täglich ab 10 Uhr bis zur Dämmerung geöffnet.
Ponyreiten (ab Ostern) am Südende des Parks ist eine besondere Attraktion für Kinder.
Verpflegung. Im Nordosten und im Süden des Parks gibt es Kioske mit kleinen Snacks und Süßigkeiten.Neben einem großen Abenteuerspielplatz im Nordosten sind eine Feuerstelle und Grillmöglichkeiten vorhanden. www.oejendorferpark.de

Anfahrt

Zum Sudeingang: U3 bis Merkenstraße oder Steinfurther Allee. Dann 10-15 Minuten zu Fuß oder mit der Buslinie 161. Zum Nordeingang: U1 bis Wandsbek-Markt, dann Metrobuslinie 10 bis Gleiwitzer Bogen und 10 Minuten Fußweg. An beiden Eingängen stehen Parkplätze zur Verfügung.

Eine (Freizeit-) Landschaft rund ums Wasser

Der Harburger Stadtpark

JÖRG V. PRONDZINSKI

Stadtpark? In Harburg? Der liegt doch in Winterhude. Stimmt, aber Harburg hat auch einen. Das ist schon lange so, und das ist auch gut so. Diese bedeutendste Parkanlage Hamburgs südlich der Elbe ist nämlich eine Perle und äußerst vielgestaltig.
In der Mitte befindet sich der Außenmühlenteich, der auf einem schönen Weg umrundet werden kann. Um den Teich

So können Nisthilfen für Wespen und Wildbienen aussehen

Die Gartenarche

In einer Arche überlebten die Tierarten die Sintflut. Auch wenn wir keine Sintflut erwarten, können wir in unserer Umgebung dennoch einen Unterschlupf für kleine Tiere bauen. Gerade Insekten wie z. B. Wildbienen finden in den ordentlichen Gärten keine abgestorbenen Halme mehr, in die sie ihre Eier legen können.
Tiere der Laubstreu können unter Baumstämmen, Ästen, Laub und Gartenabschnitten wohnen. Rohre und Dachziegel ziehen je nach ihrer Lage (feucht, trocken, sonnig, schattig) Amphibien und Reptilien an, Blumentöpfe mit Holzwolle werden von Ohrwürmern genutzt. (HP)

herum erstrecken sich klassische Parkbereiche, verschiedene Waldtypen, Rasenflächen, Spiel- und Sportplätze, ein Freilichttheater, ein Baumdom und vieles mehr. Manche alte Anlage ist heute überwachsen und lädt zu »archäologischer« Forschung ein. Was mögen sich die Parkerbauer bei den vielgestaltigen Einrichtungen gedacht haben? Zweifelsfrei ist die Bedeutung des Schulgartens. Hier hatten Schulkinder aus dem Bezirk Harburg früher Gelegenheit, für eine Weile ein eigenes Beet zu bestellen und zu pflegen. Auch die Funktion des Blindengartens ist klar: Pflanzen sehen nicht nur verschieden aus, sondern sie fühlen sich auch unterschiedlich an, und manche riechen sogar. Das lässt sich dort erfahren. Leider wird der Garten immer weniger gepflegt, und so wächst hinter den Schildern manchmal etwas anderes, als dransteht.

Was kann man tun?

Verhalten erforschen. Auf dem Außenmühlenteich schwimmen fast immer einige Enten, Blässhühner oder auch Schwäne. Diese Vögel lassen sich gut beobachten – mit dem Fernglas noch besser. Im Winter zeigen die Stockenten die merkwürdigsten Bewegungen. Es scheint, als führten sie Tänze auf. Männchen und Weibchen »nicken« sich gegenseitig zu oder richten sich hoch aus dem Wasser auf. Das gehört zur Balz, dem Liebeswerben der Stockenten.

Stockente
Anna-Lena, 14 Jahre

»Ich hätte gern …« Wir teilen uns in zwei Gruppen auf, dann kommt die erste Ansage: »Ich hätte gern zwei Kastanien und eine Eichel.« Die Gruppe, die die gewünschten Dinge zuerst herbeigeholt hat, bekommt einen Punkt.

Den Park erforschen. Besonders die historischen Parkteile, die teilweise völlig bewaldet sind, warten darauf, entdeckt zu werden – Mauerreste und alte Bäume geben Hinweise auf das, was früher mal war. Und bei den Höhenunterschieden ist schon fast Bergsteigen angesagt! Oder einfach den etwas versteckt im Wald liegenden Wasserspielplatz an der »Zündschnur« ausprobieren. Die Gegend wird von den Einheimischen so genannt, weil hier eine Zündschnurfabrik stand. Ein weiterer Wasserspielplatz liegt direkt am Außenmühlenufer in der Nähe des Südendes vom Außenmühlendamm.

Rührmichnichtan

Man findet es in jedem Park und an fast allen Waldwegen. Schneller, als man gucken kann, ist die Kapsel zwischen den Fingern explodiert. Die Samen spritzen davon! Was ist passiert? Wenn die Früchte dick und reif sind, stehen die Fruchtklappen unter hohem Druck. Schon bei leichter Berührung krümmen sie sich ein, dabei reißen sie die Samen mit sich und schleudern sie bis zu 3 Meter weit weg. So sorgt das Springkraut selbst für seine Ausbreitung.
Das große Springkraut wird auch Rührmichnichtan genannt, und auch ein Teil des lateinischen Namens: noli tangere (= nicht berühren), hat diese Bedeutung. (HP)

Springkraut

Klebkraut

Die dünnen Stängel können mehrere Meter lang werden und brauchen andere Pflanzen als Stütze. Mit ihren rückwärts gerichteten steifen Borsten klammern sie sich an ihnen fest. Auch an Haare, Kleidung und Tierfelle können sie sich ankletten. Die kugeligen Früchte haben ebenfalls Widerhaken und werden durch vorbeistreifende Tiere ausgebreitet. Die Blätter stehen zu sechst zusammen und bilden Quirle – wie der Waldmeister, mit dem das Klebkraut verwandt ist. Man kann Kränze aus den Stängeln winden und Phantasiekleider zaubern. (HP)

Und: Wer möchte im Freilichttheater ein kleines Stück aufführen? Das Gute an diesem Park ist, dass er so groß und vielseitig ist. Es wird hier extra nicht alles aufgeführt, damit bei jedem Besuch noch etwas selber zu entdecken bleibt. Spannende Ecken gibt es jedenfalls genug.

Hintergrundinformation

Angelegt wurde der Park zu Zeiten, als Harburg noch eine Nachbarstadt von Hamburg war. 1913 wurde der Gartenbauarchitekt Georg Hölscher beauftragt, einen Volkspark zu schaffen. Er ließ – angepasst an das mit 30 m Höhenunterschied stark bewegte Gelände – verschiedene norddeutsche Landschaften nachempfinden und Sport- und Spielplätze bauen. Mehrfach wurde Gelände hinzugekauft, um den Park zu vergrößern, so dass er jetzt den Außenmühlenteich ganz umfängt. Die Geschichte dieses Gewässers – es soll 9,5 m tief sein und wird kurz Außenmühle genannt – reicht noch weiter zurück:
Es entstand, als Ende des 16. Jahrhunderts die Engelbek zur Energiegewinnung für eine herzögliche Wassermühle aufgestaut wurde. Dort wurde Korn gemahlen. Der promenadenartige Außenmühlendamm entspricht diesem Staudamm.

Der besondere Tipp Wenig beachtet, aber doch eine gute Idee ist der Stadtökologische Lehrpfad Harburg. Einige seiner Stationen liegen im Stadtpark, insbesondere im Schulgarten. Sein Motto lautet hier »Gestaltete Natur«. Insgesamt zeigt der Lehrpfad mit seinen 18 verschiedenen Anlaufpunkten, wo und unter welchen Bedingungen Natur in der Stadt existiert. Leider sind die Infotafeln mit nicht ganz lichtechten Farben bedruckt, so dass einiges etwas verblasst ist. Ein Faltblatt zum Lehrpfad gibt es aber im Bezirksamt Harburg (Naturschutzreferat).
Außerdem hat der Kleingartenverein Wilstorf (südöstlich dem Parkgelände benachbart) einen Naturlehrpfad und einen Naturspielplatz.

Weitere Möglichkeiten

Wassersport ist angesagt! In der Außenmühle allerdings nur auf dem Wasser, nicht im Wasser und das auch nur im nördlichen Teil. Der Süden ist Vogelschutzgebiet, dort würden sich die Boote zwischen den vielen Teichrosen auch nur verheddern.
Es gibt einen Tretbootverleih und zwei Sportvereine. In der Segelvereinigung Sinstorf (Di + Do im Sommerhalbjahr) kann man Optimistensegeln lernen, im Wassersport-Verein Süderelbe Kanufahren. Einfach vor Ort erkundigen, z. B. am Bootshaus am Nordostufer vorm Midsommerland.
Das Gute daran: Die Vereine bieten das Training gegen eine günstige Vereinsmitgliedschaft oder sogar kostenlos an. Am Wochenende treffen sich außerdem Modellbootfreunde, die ihre besten Stücke auf der Außenmühle fahren lassen.
Midsommerland. Wer direkt mit dem Nass in Kontakt kommen möchte, geht ins Midsommerland. Es liegt an einem historischen Ort: Seit über 100 Jahren wird hier gebadet! Damals allerdings direkt im Außenmühlenwasser. Heute kommt das Wasser aus der Leitung. Das Bad kostet Eintritt, bietet mit Sauna, Therme, Ganzjahresfreibad und Wildwasserrutsche aber auch ein umfangreiches Programm. Vorsicht: Die Rutsche ist wahrscheinlich die gefährlichste ihrer Art in weitem Umkreis! Blaue Flecken und Hautabschürfungen sind nicht selten, wenn sie auf volle Kraft gestellt ist.
Für Unterhaltung ist auch gesorgt: Es gibt zwei Ausflugslokale und immer öfter auch Großveranstaltungen entlang des Außenmühlendamms, so z. B. das alljährliche Außenmühlenfest – eine Art kleines Alstervergnügen. In jedem Fall: Es gibt allerhand zu erleben rund um die Außenmühle.

Anfahrt

S3 bis Harburg. Von dort Buslinie 142 bis Außenmühlendamm (fährt aber nur relativ selten) oder mit verschiedenen Buslinien eine Station bis Reeseberg, dann unter der Autobahn an der Engelbek entlang. Oder mit den Buslinien 145/245 bis Rabenstein. In der Nähe der südlichen Parkgrenze befinden sich mehrere Haltestellen der Buslinie 145.
Die Parkplätze am Außenmühlendamm sind in der Hochsaison überfüllt.

Versteckte Vielfalt im Nutzwald

Der Staatsforst Höpen

HILKE SCHRÖDER

Forste sind langweilig, die Bäume sind vom Förster angepflanzt, und alle stehen in Reih und Glied. Wirklich alle? Ob das im Höpen auch so ist? Wie der Name Staatsforst schon vermuten lässt, ist er als Nutzwald angelegt und wird auch heute noch zur Holzgewinnung genutzt. In erster Linie besteht er aus Buchenhochwäldern und Nadelwäldern, in denen

vor allem Lärchen angepflanzt sind. Der recht junge Buchenhochwald – 80 Jahre sind für Buchen nämlich kein Alter – ist sehr dicht und dadurch lichtarm. Deshalb wachsen nur wenige Pflanzen auf dem Boden. Aber so eintönig, wie der

Wald auf den ersten Blick erscheint, ist er nicht. Als aufmerksamer Spaziergänger entdeckt man bald viele verschiedene Baumarten. Zwischen den Buchen stehen immer wieder vereinzelt Eichen, die sich vielleicht aus Eicheln entwickelt haben, die Eichhörnchen oder Eichelhäher hierher verschleppt haben, und an einigen Stellen lockern Birken das Bild auf.
In den Randbereichen beginnen Ahorn und Hainbuchen in den Wald vorzudringen. In den feuchteren Bereichen um die Pfarrteiche herum wachsen erste größere Ansiedlungen von jungen Eschen. Durch die Kronen dieser jungen Bäume dringt viel Licht auf den Boden. Es fällt sofort auf, dass hier viele Pflanzen wachsen.
Bei näherer Betrachtung der Buchen fallen einige Besonderheiten auf: Nicht alle haben die typische glatte Rinde. Zwischen den »typischen« Buchen finden sich immer wieder solche mit rissiger Rinde. Eine seltene Erscheinung, deren Ursache nicht eindeutig geklärt ist. Diese Bäume werden als Steinbuchen, Borkenbuchen, Warzenbuchen oder eichenrindige Buchen bezeichnet. Eine andere Besonderheit weisen die Rippelbuchen auf. Die Verdickungen und aufgesprengten Rindenbereiche auf der windabgewandten Seite der Stämme dienen der Verfestigung des Holzes, damit die Bäume auch bei Sturm der Belastung standhalten.

Was kann man tun?

Geräusche-Landkarten erstellen. Obwohl dieser Wald zwischen zwei Autobahnen liegt, ist erstaunlich wenig Verkehrslärm zu hören. Hier lassen sich hervorragend Geräusche-Landkarten anfertigen. Man sucht sich einen ruhigen Platz, setzt sich mit Papier und Stift hin und lauscht dem Geschehen im Wald. Wenn der Wind weht, können Bäume schon mal quietschen und lachen. Das Papier wird nun zu einer Landkarte, in die man die Geräusche aus den unterschiedlichen Richtungen einträgt. Das kann auf ganz verschiedene Weise geschehen: Es können z. B. einzelne, auch lautmalerische, Wörter oder ganze Sätze aufgeschrieben werden.

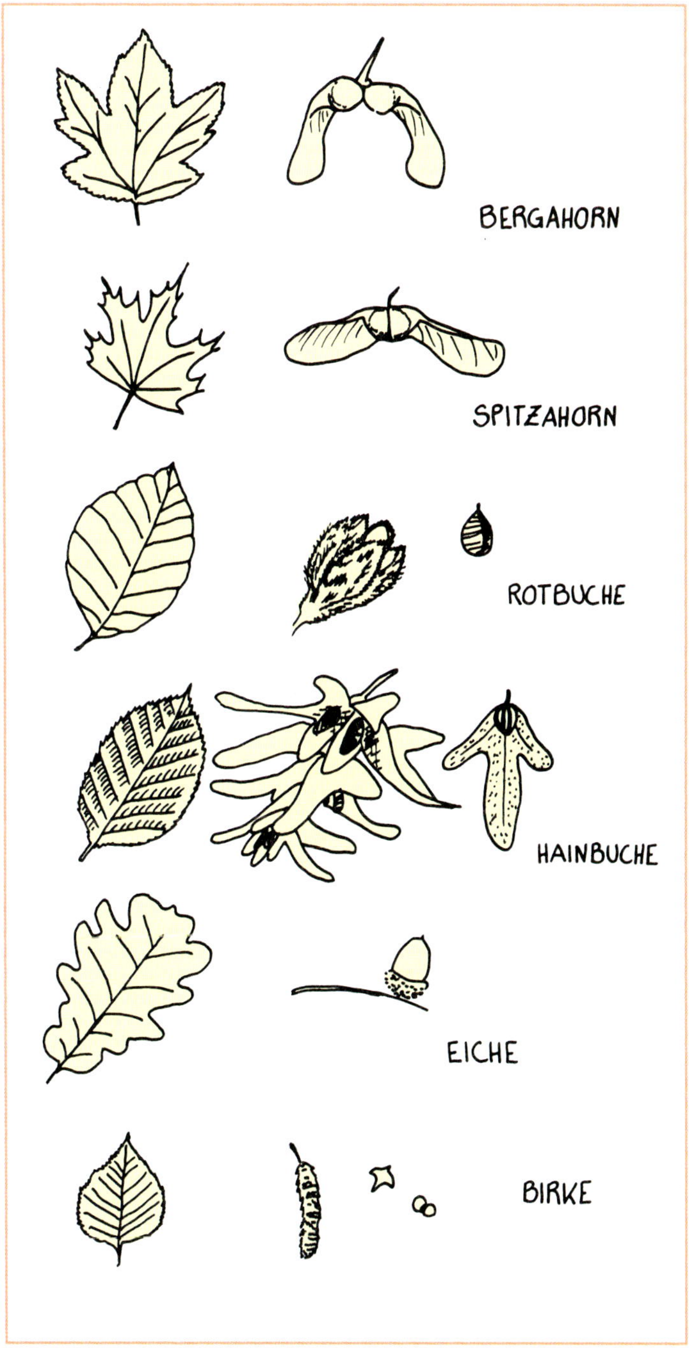
BERGAHORN
SPITZAHORN
ROTBUCHE
HAINBUCHE
EICHE
BIRKE

Aber auch Geräusche zeichnen ist eine gute Idee (z. B. einen zerbrochenen Zweig für ein Knacksen), oder man denkt sich selbst Symbole für die einzelnen Laute aus. Zeigt und erklärt man sich hinterher die Geräusche-Landkarten, gibt es vielleicht manche Übereinstimmung. Aber auch die unterschiedlichen Wahrnehmungen sind spannend.

Äpfel an Eichen?

Ja, Galläpfel! Gallen werden durch Insekten hervorgerufen, die ihre Eier an Blättern oder Knospen ablegen und damit die Pflanze zu Wucherungen um die Eier oder Larven herum anregen. Diese Galle ist für die Larven Haus und Nahrung zugleich. Jede Insektenart verursacht eine für sie typische Gallenform. Besonders viele verschiedene Gallen finden wir an Blättern von Eichen, aber auch an Buchen, Heckenrosen, Brennnesseln und Disteln. Früher hat man aus Eichengalläpfeln dokumentenechte Tinte hergestellt. Ein Rezept dafür gibt es unter www.hexenküche.de.

(HS)

Eichengallapfel

Spurensuche. Überall in der Natur lassen sich Spuren von Tieren finden, egal, ob in einem naturbelassenen Wald, einem Nutzwald oder auf Wiesen. Zunächst denkt man dabei an Spuren in Form von Fußabdrücken. Es gibt aber viel mehr Spuren anderer Art. Geht man nach Spuren suchend durch den Wald, sieht man von Eichhörnchen angeknabberte Tannenzapfen und Blätter mit den unterschiedlichsten Fraßspuren von Käfern, Raupen oder Schnecken. Gallen oder Minen finden sich auf den Blättern vieler Bäume. Sie werden von

Insekten verursacht, die das Pflanzengewebe als Kinderstube benutzen. An toten Bäumen lassen sich die Fraßspuren von Borkenkäfern entdecken. An welchen Bäumen bauen Spechte ihre Höhlen? Und natürlich liegt im Wald auch Kot von unterschiedlichen Tieren. Abgebissene Kräuter und junge Triebe verraten, was Reh und Hase schmeckt. Tief im Wald, versteckt zwischen dem westlichen Waldlehrpfad und dem Bostelmannsweg, gibt es außerdem einen alten Fuchsbau zu entdecken. Funde von Federn werfen viele Fragen auf: Wem haben sie gehört, von welcher Stelle am Vogelkörper stammen sie? Rupfung oder Mauser?

Tiere raten. *Einmal hat sie uns Tierbilder auf den Rücken gesteckt, und wir sollten Tiere raten. Das war lustig, weil die Kinder immer Tiergeräusche gemacht haben. (Lucie, 7 Jahre)* Einem Mitspieler wird eine Karte mit der Abbildung eines Tieres auf den Rücken geheftet. Nun muss er durch gezieltes Fragen herausfinden, welches Tier auf seinem Rücken klebt. Neben Fragen nach Tierbewegungen und -geräuschen dürfen nur solche gestellt werden, die mit ja oder nein beantwortet werden können.

Hintergrundinformation

Der Staatsforst Höpen wurde im 18. Jahrhundert auf ganz unterschiedliche Weise genutzt: Zum einen wurde das Vieh zum Weiden in den Wald getrieben (Hudewald), wo es vor allem die jungen Triebe im unteren Bereich der Bäume fraß –

Stinkwanze
»Ich habe Stinki auf einer Hose gefunden.«
Patrick, 8 Jahre

das kann man einigen alten Bäumen heute noch ansehen. Sie haben eine flache und breite Krone und meistens nicht einen Hauptstamm, sondern mehrere Stämme. Zum anderen diente der Wald als Brenn- und Bauholzlieferant. Anfang des 19. Jahrhunderts war der Forst durch Kriege und Vernachlässigung heruntergewirtschaftet. Der größte Teil des Waldes ging in Privatbesitz über. Nur 89 Hektar verblieben der königlichen Kammer. Von diesem Zeitpunkt an wurde der Wald durch eine geregelte Waldwirtschaft von allen Besitzern wieder aufgebaut.
Die Älteren werden sich noch erinnern: Im Zweiten Weltkrieg gab es einen Panzergraben, der jetzt zugeschüttet ist, und auch Schützengräben. Eine deutsche Truppe hat sich im Höpen den Engländern ergeben. Ebenfalls aus dieser Zeit stammen die alten Bombenkrater, die sich bei Regenwetter mit Wasser füllen und zu Tümpeln werden.

Der besondere Tipp Im Nordosten des Waldes liegen die Pfarrteiche. Hier ändert sich das Landschaftsbild. Das zuvor ebene, wenig abwechslungsreiche Relief wird hügelig und lädt zur Eroberung der Hügelkuppen ein, um zu ergründen, was sich auf der anderen Seite wohl befinden mag.

In diesem Gebiet ist der gesamte Untergrund feucht und morastig, und es sind einige typische Feuchtgebietspflanzen zu finden wie die Einbeere. Im Kontrast zum Forst bietet diese Gegend Natur pur: die Ursprünglichkeit einer Quelle, umgestürzte, von Pflanzen bewachsene Bäume und kleine Rinnsale, die sich ihren Weg durch die Landschaft bahnen. Hier kann man über Bäume klettern und durch Rinnsale waten.

Weitere Möglichkeiten

Beim Spazieren gehen fallen am Wegesrand Schilder ins Auge. Auch wenn es sich hierbei nicht um einen ausgedehnten Lehrpfad handelt, versorgt manch ein Schild den Leser mit allerlei Wissenswertem.
Eine besondere Attraktion ist das Höpenfest. Es findet einmal im Jahr statt.

Anfahrt

S3 bis Harburger Bahnhof. Von dort mit der Buslinie 443 bis Meckelfeld/Waldquelle. Mit dem Auto fährt man über die A7 bis zur Abfahrt Fleestedt, dann über die Hittfelder Landstraße und Winsener Straße rechts in den Meckelfelder Weg. Dieser wird zur Höpenstraße. Man fährt bis zur Gaststätte »Waldquelle« auf der linken Seite. Gegenüber der Gaststätte »Waldquelle« führt eine Sackgasse in den Wald.

Pfarrteiche

Wilde Natur und Gartenkultur

Im Altonaer Volkspark

HILKE SCHRÖDER

Kaum zu glauben: Mitten im Altonaer Volkspark gibt es Berge zum Klettern und einen richtigen Wald, wo sich Fuchs und Dachs gute Nacht sagen. Moose und Pilze wachsen auf umgestürzten Bäumen, und auf dem Waldboden sieht man fleißige Ameisen beim Sammeln oder räuberische Laufkäfer auf Beutezug. *Die Ameise haben wir beim Löwenzahn gefunden. Sie hat sechs Beine und zwei Giftzähne. Sie räumt den Wald auf. Deshalb ist die Ameise nützlich! (Jan-Tore, 8 Jahre)* Die Attraktionen wie Volksparkstadion oder Trabrennbahn und auch den Dahliengarten kennen die meisten Hamburger. So richtig spannend wird es aber erst im Inneren des Waldes, wenn man die großen Rundwege verlässt und den kleinen Fußpfaden folgt. Am

Die Mundwerkzeuge eines räuberischen Laufkäfers

besten erreicht man den Wald über den Zugang an der Ecke Stadionstraße/Hellgrundweg. Hier geht es an Rhododendron-Sträuchern vorbei direkt in den Wald hinein. Über versteckte kleine Wege durch Nadel- und Mischwald erreicht man das Kernstück des Volksparks, einen kleinen, von Birken und Buchen bestandenen Hügel, umgeben von steilen Hängen. Hier ist der Wald zum Teil sich selbst überlassen. Mit etwas Glück kann man Fuchs- und Dachsbaue entdecken. Da der Dachs ein vorsichtiges Tier ist, hat sein Bau nie nur einen Eingang. Hat man also einen gefunden, ist der zweite mit Sicherheit nicht weit!

Ameisenhaufen

Die großen Ameisenhaufen im Wald werden von der Roten Waldameise meist aus Fichtennadeln erbaut. Von außen erkennt man nur die Kuppel, die bis zu 1,8 m hoch werden kann und als Feuchtigkeitsschutz über dem eigentlichen Bau errichtet wird. In seinen Gängen und Höhlen lebt die Königin, die als Einzige Eier legen darf (mit Ausnahme einiger Arten, bei denen es mehrere Königinnen gibt). Hier lagern auch die Eier und Larven, die von den Arbeiterinnen beschützt und versorgt werden. Ameisen sind die Müllabfuhr des Waldes – nur für natürlichen Abfall – und leisten viel für die Schädlingsbekämpfung. (TL)

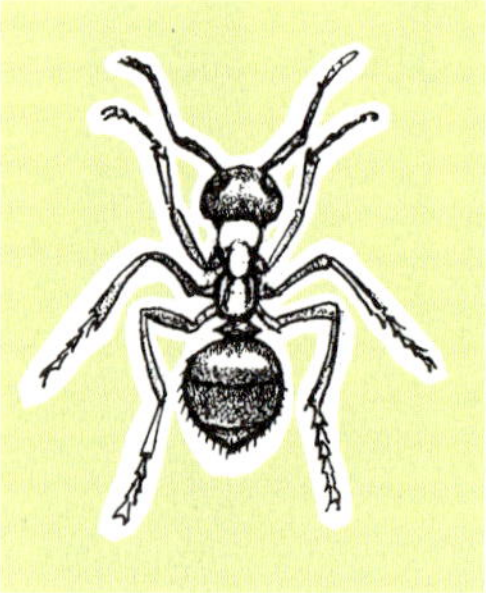

Ameise

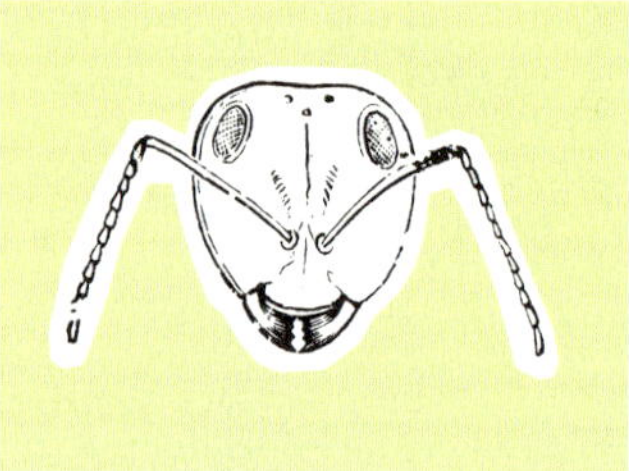

Mundwerkzeuge einer Ameise

Ameisenhaufen werden geschützt

Was kann man tun?

Herumtoben. Wo kann man schöner klettern und Abhänge hinunterrollen als an den Hängen der Birkenhöhe. Am besten etwas anziehen, was auch schmutzig werden darf!

Die inzwischen mit Buchen bewachsene Birkenhöhe

Bodentiere im Wald entdecken. *Wir haben Tiere unter Steinen und im toten Holz gesucht. Alle Kinder hatten einen Ohrwurm auf der Hand und manche auch einen Tausendfüßer. (Veronica, 10 Jahre)*

Memory-Spiel: Bäume kennen lernen. Auf dem Boden wird eine alte Decke oder ein Laken ausgebreitet. Auf eine Seite des Tuches werden Blätter und Früchte verschiedener Bäume gelegt und mit der anderen Hälfte zugedeckt. Für 1 bis 2 Minuten wird die Decke hochgehoben, und alle versuchen sich die Blätter und Früchte zu merken. Dann geht die Sammelexpedition los. Wer findet die meisten Blätter und

Früchte? Und vor allem: Wer kennt die Namen der Bäume, von denen sie stammen? Hier ist ein Bestimmungsbuch für Bäume nützlich!

Blätter abpflücken verboten?!

Pflanzen brauchen grüne Blätter. Mit ihnen fangen sie das Sonnenlicht auf und nutzen die Sonnenenergie. Wenn sie keine Blätter haben, müssen sie von ihren Vorräten leben. So machen das viele unserer Pflanzen im Winter. Deshalb im Sommer nur wenige Blätter von den Pflanzen abpflücken. Für unsere Zwecke brauchen wir ohnehin nicht viele. Meistens genügt eins zum Malen oder mal zwei, wenn wir Memory spielen wollen. Das kann jede Pflanze verkraften. Dabei gilt: Abknipsen ist besser als reißen! Und im Herbst liegen die schönsten Blätter sowieso unter den Bäumen. Nur in Naturschutzgebieten darf wirklich überhaupt nichts abgepflückt werden! (HS)

Vorsicht, Räuber. Für dieses Spiel wird ein möglichst unübersichtliches Gelände mit Bäumen und Unterholz durch Bänder oder Tücher abgegrenzt. In diesem Gebiet leben die Räuber! *Jeder hat drei Eicheln bekommen. Dann mussten wir durch das Räubergebiet schleichen, und wenn man erwischt wurde, musste man eine Eichel an den Fänger abgeben. (Max, 11 Jahre)* Wer gefangen wird, muss hinter die Abgrenzung zurück, um erneut sein Glück zu versuchen.

Hintergrundinformation

Das Gebiet des Altonaer Volksparks war vor 150 Jahren nahezu baumfrei, seine Hügel nannte man damals Windsberge. 1914, zum 250-jährigen Stadtjubiläum von Altona – es gehört erst seit 1934 zu Hamburg –, wurde der Gartenbaudirektor Ferdinand von Tutenberg beauftragt, einen Volkspark zu schaffen. Von da an konnten sich hier Bäume ausbreiten!

Der besondere Tipp Der Schulgarten ist der älteste Teil des Parks und zu jeder Jahreszeit einen Besuch wert. Wo früher Schulklassen ihre Beete pflegten, gibt es heute eine Vielzahl blühender Pflanzen, wie man sie im Westen Hamburgs sonst nur noch im Botanischen Garten findet. Ein besonderer Blickfang ist eine alte Pappel in der Mitte des Eingangsbereiches, die von Misteln übersät ist. Die Misteln sind in Hamburg ursprünglich nicht heimisch, während sie in Süddeutschland weit verbreitet sind. In Hamburg wurde sie vor mehr als 35 Jahren künstlich angesiedelt und breitet sich seitdem hier aus.

Der Dahliengarten im September

Weitere Möglichkeiten

Picknicken. Im Volkspark gibt es mehrere Grillstellen, die von der Luruper Chaussee und der August-Kirch-Straße leicht zu erreichen sind. Hat man vergessen, eine Bratwurst mitzubringen, kann man seinen Hunger nach all der Toberei auch im Restaurant Dubrovnik in der Nansenstraße 82 oder im Café am Dahliengarten stillen.

Dahliengarten. Und wer sich so richtig einen Überblick verschaffen will, was man durch Züchtung aus einer Pflanzengattung alles herausholen kann, der muss ihn kennen: den Dahliengarten im Spätsommer. Mehr als 12.000 Dahlien in ganz unterschiedlichen Farben und Formen sind hier alljährlich zu bewundern. Mehr Infos zum Dahlien- und Schulgarten gibt es unter: www.dahliengarten-hamburg.de/Garten/schulfr.html

Anfahrt

S2, S21 bis Eidelstedt, 15 Minuten Fußweg Richtung Stadion über Farnhornweg und Hellgrundweg zum nördlichen Waldbereich, oder mit der Buslinie 180 bis zur Haltestelle Am Volkspark. Den Dahliengarten erreicht man über die Luruper Chaussee mit den Metrobuslinien 2 oder 3 bis Haltestelle Stadionstraße. In den Schulgarten gelangt man von der Haltestelle August-Kirch-Straße. Parkmöglichkeiten gibt es in der Stadionstraße und im Schulgartenweg.

Alien meets Pokémon. Bizarre Gestalten in Bächen und Tümpeln

Der Bahrenfelder See

HILKE SCHRÖDER

Egal, an welches Gewässer man geht: Mit einem Kescher kann man die interessantesten Tiere »angeln«. Die sind oft viel exotischer und bizarrer als Aliens und Pokémons oder andere Geschöpfe aus Comics und Zeichentrickfilmen. In und um Hamburg gibt es zahlreiche Tümpel, Teiche, Bäche und Gräben fast vor der Haustür, sogar im Hausgarten oder auf dem Schulgelände. Unser Teich ist ein auf den ersten Blick unscheinbares Gewässer in Bahrenfeld, der Bahrenfelder See. Er liegt in einer großen Kuhle, die um 1974 durch Kiesaushub für den Bau der Autobahn A 7 entstanden ist. Heute stehen an seinen Ufern große Weiden, die weit in das Wasser hineinragen. Auch haben sich im Laufe der Zeit alle möglichen Tiere angesiedelt, bis hin zur Wasserschildkröte, die wohl von ihren Besitzern ausgesetzt wurde. An zwei gegenüberliegenden Seiten gibt es flache Ufer. Hier kann unsere Expedition beginnen.

Was kann man tun?

Keschern. Als Ausrüstung genügen ein selbst gebauter Kescher und ein kleiner Eimer, besser noch eine flache, helle Schüssel (z. B. ein weißer Blumentopfuntersetzer), in die man Wasser füllt. Am viel versprechendsten ist es, wenn man den Gewässergrund am Rand des Teiches mit dem Kescher aufwühlt, denn dort, versteckt unter Bäumen oder zwischen Wasserpflanzen, sind mehr Tiere zu finden als im offenen Wasser. Um die Beute in aller Ruhe betrachten zu können, stülpt man den Inhalt des Keschers in die Schale. Außerdem lohnt es sich, Zweige oder Steine, die im Wasser liegen, herauszuholen und nach Tieren abzusuchen. Besonders Strudelwürmer und Schnecken sind an Steinen zu finden.

Wasserskorpion

Einige Wassertiere wie Schwimm- und Wasserkäfer sind gut als Käfer zu erkennen und ähneln durchaus ihren Verwandten an Land. Aber was ist das? Vorgestreckte Vorderbeine, die wie Greifzangen aussehen, ein Atemrohr am Hinterende, das an einen Stachel erinnert? Ein Skorpion im Wasser? Weit gefehlt! Der Wasserskorpion gehört zu den Wanzen (und damit zu den Insekten) und hat mit dem echten Skorpion nichts zu tun, auch wenn er ihm auf den ersten Blick ähnlich sieht. Und was zuckt da in unserer Schale hin und her? Lang und dünn und

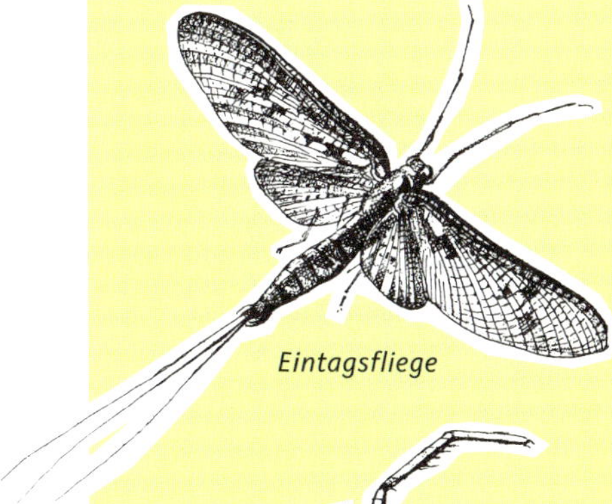

Eintagsfliege

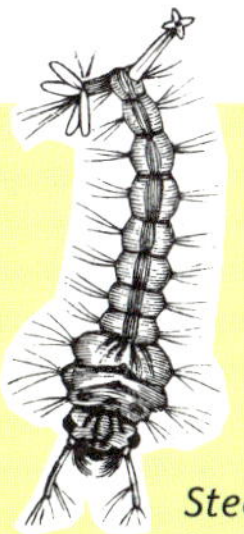

Stechmückenlarve

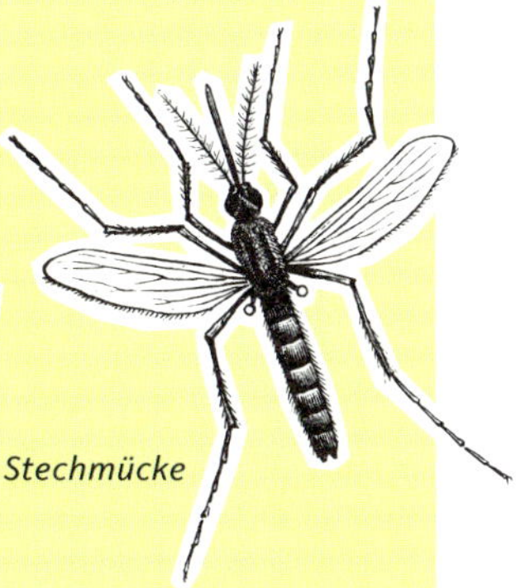

Stechmücke

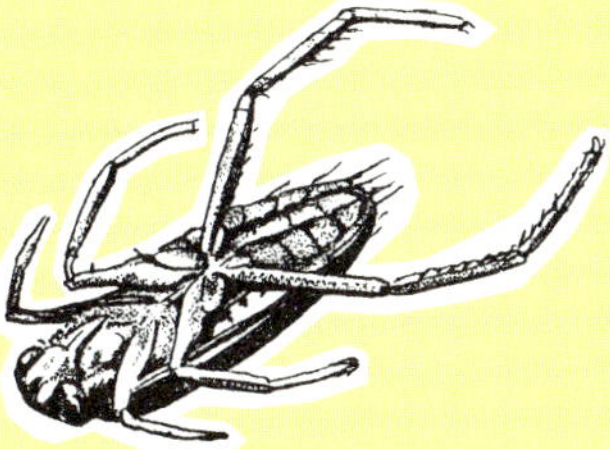

Rückenschwimmer

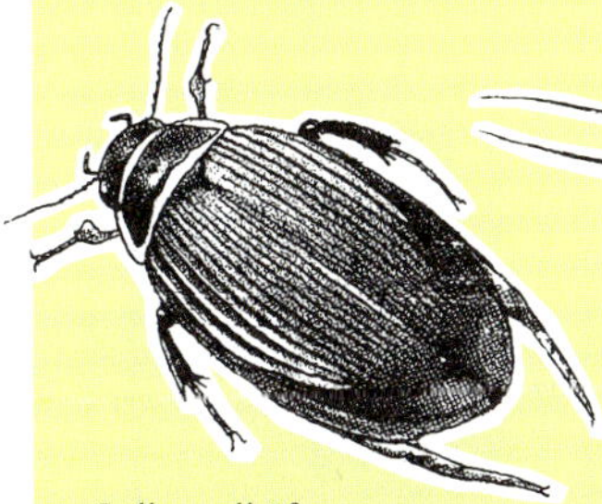

Gelbrandkäfer

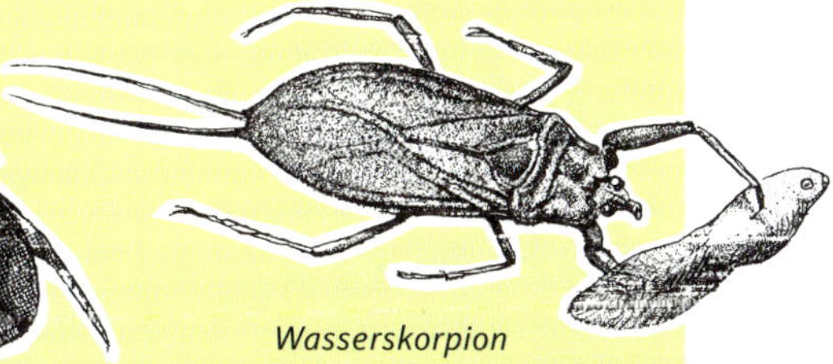

Wasserskorpion fängt eine Kaulquappe

Eintagsfliegen

Eintagsfliegen leben tatsächlich nur einen Tag, und an diesem nehmen sie keine Nahrung mehr zu sich. Wie ein Luftballon ist ihr Darm mit Luft gefüllt, was das Fliegen erleichtert. Ihr einziges Ziel ist es, Eier abzulegen, damit eine neue Generation entsteht. Eintagsfliegen und ihre Larven, die man beim Keschern fängt, sind an ihren drei Schwanzfäden leicht zu erkennen. Die Blättchen oder Fäden an der Seite des Körpers sind Kiemen, mit denen die Larve atmet. (JH)

meistens rot – die Zuckmückenlarven. Auch Stechmückenlarven schwimmen in jedem Tümpel (oder auch in der Regentonne!). Besonders häufig sind die Larven von Eintagsfliegen. Aus anderen Larven mit sechs Beinen und kräftigen Mundwerkzeugen, die wie Kneifzangen aussehen, werden mal stattliche Käfer. Mit Mundwerkzeugen kann man gut andere Tiere fangen! Eine ganz spezielle Fangmethode haben die

Kaulquappen im flachen, warmen Wasser

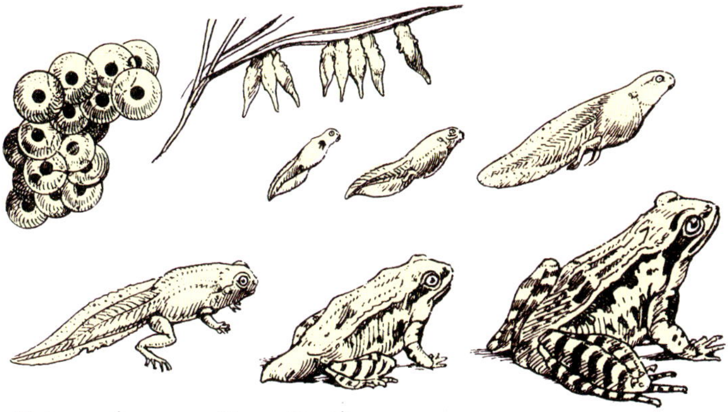

Metamorphose, vom Ei zum Frosch

Libellenlarven. Sie fangen ihre Beute mit einer Fangmaske, die sie blitzschnell vorschleudern und mit der Beute zum Mund zurückziehen.
Es kann schon mal passieren, dass der Wasserskorpion eine Eintagsfliegenlarve frisst, während wir die Tiere in unserem Behälter untersuchen. Will man einzelne Tiere genauer betrachten, sind Becherlupen praktisch. Wichtig ist, darauf zu achten, dass die Tiere nicht zu lange außerhalb des Wassers sind. Also auch in die Beobachtungsgläser immer Wasser einfüllen! An Land ersticken viele Wassertiere. Nach der Beobachtung werden alle Tiere natürlich wieder ins Wasser zurückgesetzt.

Entwicklung von Tieren miterleben. Das geht besonders gut bei Fröschen und Kröten. Macht man sich im März/April das erste Mal auf den Weg zu einem Gewässer, kann man den Amphibienlaich im Wasser sehen. Wenn man nach drei bis vier Wochen wiederkommt, sind die Kaulquappen bereits geschlüpft und schwimmen in den von der Sonne erwärmten Bereichen des Teiches auf der Suche nach Nahrung herum. Zuerst sind sie noch nicht mal 1 cm groß. Etwa Ende Mai sind den meisten Kaulquappen Hinterbeine gewachsen, und im Juli verlassen die kleinen fertigen Frösche und Kröten ihr Geburtsgewässer. Dann erinnert nur noch ein Schwanzstummel an ihr Leben als Kaulquappe.

Krötenwanderung und Froschkonzert

Im Frühjahr wandern Frösche, Kröten, Unken und Molche von ihren Winterquartieren zu ihren Laichgewässern. Die Wanderung findet vor allem nachts statt und ist gefährlich, denn oft kreuzen Straßen den Weg der Tiere. An warmen Abenden kann man an den Tümpeln ihr Quaken hören, mit dem sie sich locken. Ein richtiges Froschkonzert. Nach der Paarung legen sie den Laich ins Wasser ab. An ihm kann man die Arten unterscheiden: Frösche laichen in Klumpen, Kröten in Schnüren. Die Eier entwickeln sich zunächst zu Kaulquappen und dann zu Fröschen bzw. Kröten. Wenn sie im Sommer das Wasser verlassen, atmen sie mit Lungen statt wie bisher mit Kiemen. Von nun an leben sie an Land und kehren im Frühjahr zum Laichen an die Gewässer zurück.

Amphibien stehen unter Naturschutz. Es ist deshalb verboten (und ohnehin selten erfolgreich), Eier oder Larven mitzunehmen und im eigenen Gartenteich anzusiedeln.

(BE)

Hintergrundinformation

Was ist eigentlich der Unterschied zwischen Tümpel, Teich, Weiher oder See? Oder ist das alles dasselbe? Nicht ganz: Für einige Gewässer gibt es eindeutige Definitionen, andere sind eher Auslegungssache. Ein See ist ein großes Gewässer mit einer Mindesttiefe, in dem das Wasser der unteren Schichten auch im Sommer kühl bleibt. Auch wachsen nicht mehr überall Unterwasserpflanzen, weil das Licht nicht ausreicht. Als Weiher wird häufig der Rest eines Sees bezeichnet, der im Laufe der Zeit bis auf einen kleinen Überrest eingetrocknet ist. Und wo ist der Unterschied zwischen Teich und Tümpel? Darüber streiten sich die Experten, aber meistens werden künstlich angelegte Gewässer als Teiche bezeichnet. Deshalb sprechen viele Gartenbesitzer auch ganz richtig von ihrem

Gartenteich, denn dieser ist fast immer künstlich angelegt und hat das ganze Jahr über Wasser. Als Tümpel dagegen werden meistens natürliche Gewässer bezeichnet, die im Sommer ganz oder fast eintrocknen.

Der besondere Tipp **Kescher selbst bauen.** Das ist gar nicht so schwierig. Es gibt verschiedene Möglichkeiten. Eine ebenso simple wie stabile Lösung ist ein altes Küchensieb, das mit sehr kräftigem Klebeband an einen beliebig langen, festen Stab geklebt wird. Eine zweite Möglichkeit ist ein ausgedienter Federballschläger aus Kunststoff oder Metall, aus dem man die Bespannung entfernt und einen Beutel aus einem Nylonstrumpf, Gaze oder dünnem Stoff eingenäht.

Für echte Heimwerker geht es noch etwas aufwändiger: Benötigt werden ein Bambusstock (zu empfehlen, da er innen hohl ist), ein Stück alte Gardine oder Gaze und ein dünner Metallrundstab, der mit der Hand nicht mehr zu biegen ist. Der Metallrundstab wird ein Stück in den Bambusstock eingeschoben und mit Draht, Klebeband oder Schlauchschellen fixiert. Der obere Teil des Metallstabes wird dann mit entsprechendem Werkzeug (kräftige Zange in den Händen eines kräftigen Papas) zu einem Kreis gebogen, dann wird der Stoff eingenäht.

Rote Wassermilbe
Paul, 7 Jahre

Anfahrt

Der Bahrenfelder See liegt in dem kleinen »Bonnepark« direkt an der Theodorstraße, die vom Osdorfer Weg abgeht. Schnellbus 37 Haltestelle Osdorfer Weg, Buslinie 2 bis August-Kirch-Straße. Ihre Verlängerung ist die Theodorstraße.

Von Amerika nach Japan in drei Minuten

Der Botanische Garten in Klein Flottbek

GISELA BERTRAM

Der Botanische Garten macht es möglich, fast unbemerkt und auf jeden Fall kostenlos von Kontinent zu Kontinent zu wechseln. Eine Reise um die Welt in 80 Minuten! Aber der Reihe nach: Der Neue Botanische Garten in Klein Flottbek bietet uns noch ganz andere Entdeckungsreisen.
Wenn wir uns nach dem Eingang rechts halten, kommen wir zu den Nutzpflanzen. Hier wachsen Pflanzen, die in aller Munde sind. Fast täglich essen wir etwas von ihnen, aber wer erkennt sie hier wieder? Zum Beispiel die vier wichtigsten Getreidearten – hier stehen sie nebeneinander: Roggen, Weizen, Gerste und Hafer. Wer kann sie auseinander halten?

Getreide

Mit so einer Frage kann man auch so manchen Biologen in Verlegenheit bringen. Dabei gibt es eine Eselsbrücke, um Gerste, Roggen und Weizen auseinander zu halten: Die zuerst in der alphabetischen Reihenfolge stehende Gerste hat die längsten Grannen, der am Ende stehende Weizen die kürzesten. Und wer kennt und erkennt Buchweizen und Rettich? Und wer kennt schon Topinambur? Hier wachsen sie alle.
Nur wenige Schritte von den Nutzpflanzen entfernt liegt das grüne Klassenzimmer, ein sechseckiger Holzbau. Die davor liegenden Beete werden von Schulkindern regelmäßig bestellt und gepflegt.

Japangarten

Der Weg führt weiter bis zu einem vielfältigen Garten ganz ohne Pflanzen. Ein echtes Kontrastprogramm zur üppig grünenden Umgebung. Was das sein soll? Der Gesteinsgarten. Hier soll man sich ganz auf die unterschiedlichen Steine und Gesteine konzentrieren können, ganz ohne pflanzliche Ablenkung. Aber halt, da hat sich doch eine Pflanze in den Gesteinsgarten geschummelt. Am Rand stehen zwei verkieselte (versteinerte) Stubben von Sumpfzypressen. Wenn man genau hinsieht, sind sogar die Jahresringe noch gut zu erkennen. Lebende Sumpfzypressen sieht man, wenn man über den östlichen Ausläufer des Teiches direkt nach Norden schaut. Wenn wir dem Hauptweg weiter folgen, sind wir mit wenigen Schritten bei ihnen in Amerika angelangt. Zumindest wird dieser Teil des Botanischen Gartens so genannt, weil in den Beeten nur Pflanzen wachsen, die in Amerika beheimatet

Holzstruktur in Stein

Baumstubben im Steingarten

Karpfen

sind. Zum Beispiel Bäume wie die Andenschmucktanne aus Chile und der Mammutbaum aus Kalifornien oder eben die Sumpfzypresse aus Florida.

Das Gute (und Typische) an einem Botanischen Garten ist, dass an vielen Pflanzen Schilder stehen. Auf diesen steht neben dem wissenschaftlichen (meist lateinischen) Namen fast immer auch ein deutscher Name. Und wenn das Schild groß genug ist, steht auch noch die Heimat der Pflanze darauf. So kann man an den Schildern erkennen, wo man gerade ist. Das kann ganz wichtig sein, denn nur wenige Schritte trennen hier Amerika von Japan.

Der Japangarten ist etwas ganz Besonderes. Der japanische Gartenarchitekt Yoshikuni Araki ist extra nach Hamburg gekommen, um den Garten zu gestalten. Er hat einen Wasserlauf ohne Wasser gebaut, der sich in einen See ohne Wasser ergießt. Statt Wasserflächen gibt es hier Kies, und die Wellen machen die Gärtner mit der Harke – eine mühsame Arbeit. Wenn im Mai hier die Azaleen blühen, ist der Japanische Garten ein rosa-pink-rotes Feuerwerk. Von Japan aus kann man dann über China in die Alpen gehen. In den Bergen gibt es kleine Pfade, die 8 m hoch auf die Spitzen des Alpinums führen. Dort in der Nordeuropa-Abteilung hat man einen Rundblick auf große Teile des Botanischen Gartens.

Ganz merkwürdig wirken die großen eiförmigen Beete des so genannten Systems, die in den Rasen eingelassen sind. Im System wurde versucht, Pflanzen nach ihrer Verwandtschaft zusammenzupflanzen. Dabei kann es dann sein, dass ein großer Baum und ein kleines Kraut nebeneinander gesetzt wurden. Beide Pflanzen richtig zu pflegen, ist dann schon eine Herausforderung für die Gärtner!
Von hier aus kann unser Weg zur Küste führen. Ein ganz kleiner Ausschnitt von Düne und Wattenmeer erinnert hier an den letzten Urlaub an der Nordsee. Das Wasser des Wattenmeers wird regelmäßig gesalzen, damit es den gleichen Salzgehalt hat wie an der Küste. So können hier nur Pflanzen wachsen, die sich an ein Leben mit Salz angepasst haben. Im Sommer ist hier sogar der Queller, eine ganz typische Pflanze aus dem Wattenmeer, zu entdecken.
Wer dem Hauptweg weiter folgt, kommt allmählich wieder in Richtung Ausgang. Aber vorher gehen nach rechts noch viele Wege ab, von denen man dem einen oder anderen mal folgen

Riesen-Bärenklau – bitte nicht berühren!

Mannshohe Stängel, duftende weiße Blütenschirme, riesige tief geteilte Blätter – eine Prachtstaude, aber gefährlich! Bei Hautkontakt mit der Pflanze lösen sich hautreizende Stoffe. Sie werden durch Sonnenlicht aktiviert und rufen schmerzhafte Reaktionen hervor. Besonders schlimm traf es einen Jungen, der ein Blasrohr bastelte und dabei den Riesen-Bärenklau mit dem ungefährlichen Wiesen-Kerbel verwechselte. Er hat sich Lippen und Mundhöhle »verbrannt«. Der Riesen-Bärenklau stammt aus dem Kaukasus und hat sich in den letzten 30 Jahren explosionsartig ausgebreitet. Die Bekämpfung ist mühselig und bisher wenig erfolgreich. Also Augen auf und nicht berühren! Im Botanischen Garten ist er am Bachlauf entlang der Frühlingswiese zu finden. (HP)

sollte. Zum Beispiel in den Wald, zum Bauerngarten, zum Café Palme, zur Olive mit dem verschiebbaren Gewächshaus, zu den Bibelpflanzen und in den Duft- und Tastgarten. Aber davon kann man sich auch noch was für den nächsten Besuch aufsparen. Und das sollte man auch tun, denn der Botanische Garten sieht zu jeder Jahreszeit anders aus. Wenn man Zaubernüsse blühen sehen will, muss man im Februar kommen, im April für die aus Husum stammenden Krokusse auf der großen Wiese und im September, um die Alpenveilchenblüte nicht zu versäumen.

Blüte der Zaubernuss

Was kann man tun?

Ich sehe was, was du nicht siehst. Ein bekanntes Spiel! Einer sucht sich etwas aus und sagt zu den anderen: Ich sehe was, was du nicht siehst, und das ist blau! Und wenn man dann gerade im Chinagarten steht, dann geht das Gerate los: Ist es die Hortensie hinter der Pagode oder der Enzian gleich neben dem Weg oder der Himmel, der sich im Wasser spiegelt?

Bilder malen. Im Botanischen Garten gibt es viele verträumte bunte Winkel, in denen oft auch eine Bank oder ein

Stuhl steht und zum Ausruhen einlädt. Manchmal trifft man Leute, die hier ein Bild malen, und kann ihnen dabei zusehen. Aber selber malen macht noch mehr Spaß! In den Sommerferien gibt es für Kinder Kurse, die gemeinsam vom Museumsdienst der Kunsthalle und dem Botanischen Garten angeboten werden.

Wie kommen die Misteln auf den Baum?

Ihre klebrigen, weißen Beeren werden von Vögeln gefressen. Die Samen passieren den Darm ohne Schaden, oder sie bleiben am Schnabel hängen und werden später wieder abgewetzt. So werden sie von Baum zu Baum getragen. Dort keimen sie auf den Ästen aus, und ihre Wurzeln dringen in den Baum ein. Sie zapfen die Wasserleitungsbahnen des Baumes an und bedienen sich. (HP)

Riechen und Tasten. Der Duft- und Tastgarten liegt im Süden des Gartens, direkt vor den großen Gewächshäusern. Hier ist das Anfassen der Pflanzen nicht nur erlaubt, sondern sogar erwünscht. Denn während man sonst im Botanischen Garten vor allem etwas zu sehen bekommt, soll hier gefühlt, gerochen und getastet werden. Der Garten wurde für Menschen geplant, die schlecht oder gar nicht sehen können. Durch ein Leitsystem können sie den Weg vom Eingang hierher finden. Aber auch für Menschen mit ganz scharfen Augen gibt es hier viel zu entdecken.

Zauberbaum. Unter den Ahorn mit den vielen Misteln stellen! Misteln sollen eine große Zauberkraft haben, wie wir von Asterix wissen. Wer spürt etwas davon?

Hintergrundinformation

Der Botanische Garten gehört zur Universität Hamburg. Von einigen Stellen im Garten kann man auch das Botanische Institut sehen. Der Garten ist 24 Hektar groß und seit 1979 geöffnet. In der Zeit davor lag der Botanische Garten am Dammtor, wo heute noch die Schaugewächshäuser stehen. Der Garten kann in drei thematische Bereiche gegliedert werden: das System, Pflanze und Mensch und die geographische Abteilung mit Amerika, Asien und Europa.
Er ist täglich von 9 Uhr bis etwa eineinhalb Stunden vor Sonnenuntergang geöffnet, der Eintritt ist frei.

Der besondere Tipp **Durch den Bambusdschungel schleichen.** Eine besondere Spezialität des Botanischen Gartens Hamburg sind die vielen verschiedenen Bambusarten, die an ganz unterschiedlichen Stellen im Garten angepflanzt wurden, in kleinen Gruppen oder in dichten Bambuswäldern. An einigen Stellen führen verwunschene Pfade durch diesen Dschungel. Es macht Spaß, sich leise über die raschelnden abgefallenen Blätter zu bewegen und sich vorzustellen, man wäre in China. Ein besonders schönes Bambusdickicht findet man, wenn man sich gleich nach dem Eingang links hält und den Teich halb umrundet. Dort in der Ecke, wo das Gewächshaus an das Institutsgebäude anschließt, ist es im Bambusdickicht ganz schön dunkel!

Weitere Möglichkeiten

Sonntagsführungen. Regelmäßig werden um 10 Uhr Führungen zu verschiedenen Themen angeboten – Eintritt frei, Spende erbeten! Die Gesellschaft der Freunde des Botanischen Gartens Hamburg bietet weitere Aktivitäten an: Musik und Lyrik, Kinderprogramm, Ferienprogramm und Ausstellungen. Zweimal im Jahr ist Pflanzenbörse auf dem Betriebshof. Informationen gibt es im Eingangsbereich des Gartens und unter: www.bghamburg.de.

Gänseblume
Jeannine, 9 Jahre

Die Grüne Schule ist ein Kooperationsprojekt des Botanischen Gartens, der Universität und der Schulbehörde und bietet Erkundungsgänge für Schulklassen an: Tel. (040) 42 816-208, e-mail: gruene-schule@botanik.uni-hamburg.de. Die Grüne Schule bietet auch ein Pflanzenabholprogramm für Lehrer an: Tel. (040) 42 816-480.

Führungen für Gruppen werden von Angela Niebel-Lohmann organisiert. Anmeldung unter (040) 42 816-395 oder (040) 608 05 33, e-mail: niebel-lohmann@botanik.uni-hamburg.de.

ZSU: Das Zentrum für Schulbiologie und Umwelterziehung liegt ganz in der Nähe, im Hemmingstedter Weg 142, und bietet naturpädagogische Angebote für Schulklassen und ein Familienprogramm am Wochenende. Hier können Tiere für den Unterricht oder auch Wasseruntersuchungskoffer ausgeliehen werden, Tel. (040) 82 314-20, Fax (040) 82 314-22, www.zsu-hamburg.de.

Anfahrt

Direkt vor dem Botanischen Garten hält die S1 an der Station Klein Flottbek, auch die Buslinien 115 und 21 machen hier Station. Außerdem hat der Botanische Garten einen Besucherparkplatz.

Elbblick, weite Wiesen und alte Eichen

Der Jenischpark

BARBARA ENGELSCHALL

Der vielleicht bekannteste Park am Hamburger Elbufer ist der Jenischpark bei Teufelsbrück. Von der S-Bahn Klein Flottbek aus ist der Park über einen von alten Eichen gesäumten Fußweg zu erreichen, der nach Süden Richtung Elbe führt. Durch ein altes, gusseisernes Tor an der Baron-Voght-Straße betritt man das 42 Hektar umfassende Parkparadies, das mit weiten Rasenflächen zum Toben und Picknicken einlädt, in dem es aber auch geheimnisvolle Bäume und bunte Wiesenblumen zu entdecken gibt. Im südlichen Teil liegt das Naturschutz-

An der Flottbek

Der Jenischpark ist berühmt für seine alten Eichen

gebiet Flottbektal mit wilden Wiesen, undurchdringlichen Weidengebüschen und einem urwüchsigen Eichen-Hainbuchenwald. Hier darf man die Wege allerdings nicht verlassen.

Der Besucher wandelt auf den Spuren des Hamburger Kaufmanns Caspar Voght, der Ende des 18. Jahrhunderts in Klein Flottbek eine weitläufige Parklandschaft mit Wiesen und Feldern anlegte, zu der auch der Jenischpark gehörte. Auf einem

Ja, ist denn jetzt schon Herbst?

Heute werden bei vielen Rosskastanien die Blätter schon im Sommer braun und fallen ab. Das wird von den Raupen der Kastanien-Miniermotte verursacht, ihre Fraßgänge zwischen den Blattrippen bringen das Gewebe zum Absterben. Der Baum geht davon zwar nicht ein, bildet aber meist keine Früchte mehr. Um den Schaden gering zu halten, sollte man das Laub, in dem die Motte überwintert, unter dem Baum entfernen. Die Kastanien-Miniermotte wurde Anfang der achtziger Jahre in Mazedonien entdeckt und hat sich seither stark ausgebreitet. 1998 hat man sie erstmals in Berlin gefunden. (HP)

Spaziergang können an vielen Stellen Spuren der langen Geschichte des Parks entdeckt werden. Was wohl die über 400 Jahre alten Eichen hier gesehen und erlebt haben mögen? An den Rückhaltebecken im nördlichen Teil des Parks kann man neben Stockenten und Blässhühnern badenden Hunden zuschauen. Wie in allen Gewässern Hamburgs sollen die Wasservögel auch hier nicht gefüttert werden, damit die Wasserqualität sich nicht verschlechtert. Auf den Rasenflächen blühen im Frühjahr Wiesenpflanzen wie Scharbockskraut, Löwenzahn oder Wiesenschaumkraut. Die bewaldeten Geesthänge im Park bieten Lebensraum für viele Tiere. Eichhörnchen können genauso häufig beobachtet werden wie Buntspechte. Seit vielen Jahren wohnt in der alten Kastanie am Hochrad, Ecke Baron-Voght-Straße, ein Waldkauz, der sich vielleicht in einem Astloch blicken lässt.

Was kann man tun?

Maulwurfshaufen untersuchen. Was kann man hier alles finden! Ton- und Glasscherben, Reste von Pfeifenköpfen, Puppenbeine, Tassen, Henkel und vieles mehr. Eine Hambur-

Maulwurfshaufen

Der Maulwurf ist ein Erdarbeiter. Mit den Vorderfüßen, die wie Schaufeln gebildet sind, gräbt er unter der Erde ein Tunnelsystem, wobei er den Abraum an die Erdoberfläche schiebt. Auf diese Weise verwandelt er manchmal ganze Rasenflächen in Hügellandschaften von Maulwurfshaufen. Mehrmals täglich läuft er seine Gänge ab und sucht durch Riechen und Tasten nach Würmern und Insekten. Er ist auch im Winter aktiv und legt sich unterirdische Vorratskammern an. (TL)

ger Kunsthistorikerin hat dies gesammelt und festgestellt, dass die meisten Teile aus dem frühen 19. Jahrhundert stammen. Hierher gekommen sind sie mit Straßenkehricht, der neben Pferdeäpfeln auch Hausabfälle und zerbrochenes Geschirr enthielt. Caspar Voght hat ihn als Dünger mit Schuten auf so genannten Schietfahrten aus Hamburg kommen lassen, denn Kunstdünger war zu jener Zeit noch unbekannt.

Barfuß-Raupe. *Der Boden fühlt sich ganz anders an, wenn man nichts sieht. Einmal ist unsere Raupe in der Mitte zerrissen, weil ein Kind gestolpert ist – da haben alle gekichert! (Marie, 9 Jahre)* Alle sind barfuß und verbinden sich die Augen mit Tüchern. Nur der Kopf der Raupe (Erster in der Reihe) kann sehen. Alle stellen sich hintereinander auf, und jeder hält sich an den Schultern des vor ihm Stehenden fest. Langsam setzt die Raupe sich in Bewegung. Der Kopf der Raupe darf nicht vergessen, dass die anderen nur mit den Füßen sehen. So wird schon der Übergang von einem trockenen, sonnengewärmten zu einem beschatteten, feuchten Rasenstück ein kleines Abenteuer.

Fotografierspiel. Es werden Paare gebildet, wobei der eine Partner der Fotograf ist und der andere die Kamera. Der Fotograf führt die Kamera, deren Augen geschlossen sind, durch das Gelände. Bei einem besonders schönen Ausblick oder einem sehenswerten Baum klopft der Fotograf der Kamera auf die Schulter und sagt: »Klick.« Die Kamera öffnet die Augen und schließt sie wieder, wenn der Fotograf ihm nach ein paar Sekunden abermals auf die Schulter klopft. Nach ein paar Fotos werden die Rollen getauscht. Zum Schluss überlegt man gemeinsam: Welches Bild war besonders schön?

Exotische Bäume. Im Herbst laden Bäume wie Ginkgo, Japanischer Ahorn oder Esskastanie zum Sammeln von Blättern und Früchten ein. Hier lohnt es sich, ein Bestimmungsbuch für Gehölze mitzubringen.

Hintergrundinformation

Caspar Voght. Jean Laurent Mosnier, 1801

Der Park liegt auf dem Geestrücken Hamburgs, am Rande des Urstromtals der Elbe. Die Landschaft wurde von der letzten Eiszeit vor 10.000 Jahren geformt. 1785 kaufte der Hamburger Kaufmann Caspar Voght mehrere Höfe in Klein Flottbek und legte hier nach englischem Vorbild eine »Ornamented Farm« an. In diese besondere Form des Englischen Landschaftsgartens waren Äcker, Mähwiesen und Viehweiden zur Zierde und zum Nutzen eingebunden. 1828 verkaufte Caspar Voght den Besitz an seinen Patensohn Martin Johann Jenisch, der den Park in seiner heutigen Struktur schuf und das Jenisch-Haus bauen ließ. Nach dem Tod Jenischs im Jahre 1857 wurde die Pflege des Parks zunehmend vernachlässigt. Als eine Parzellierung des Geländes drohte, pachtete die Stadt Altona 1927 den Park, der nach der Eingemeindung Altonas 1934 von der Stadt Hamburg erworben wurde. Der südliche Teil des Flottbektals (7 Hektar) wurde 1982 zum Naturschutzgebiet erklärt. Ziel des aktuellen Pflegewerkes des unter Denkmalschutz stehenden Parks ist die Wiederherstellung der Anlage des 19. Jahrhunderts.

Knüppelbrücke

Der besondere Tipp Versetzen wir uns ins 19. Jahrhundert, als die Familie Jenisch so berühmte Gäste wie König Christian VIII. von Dänemark oder Kaiser Wilhelm I. im Jenisch-Haus empfing. Zu dieser Zeit befand sich der Haupteingang mit dem großen Tor im Osten des Parks beim Pförtnerhäuschen an der Holztwiete. Stellen wir uns vor, wir würden in einer Pferdekutsche über die Wiesen des romantischen Flottbektals fahren. Auf dem Weg bergauf durch den Wald öffnet sich der von der großen Knüppelbrücke eingerahmte Blick auf das herrschaftliche Haus. Wir sind beeindruckt!

Weitere Möglichkeiten

Im April und Mai führt der Naturschutzbund (NABU) regelmäßig vogelkundliche Führungen durch. Das Programm »Was singt denn da?« ist in der Geschäftsstelle erhältlich, Tel. (040) 69 70 89-0 oder unter www.nabu-hamburg.de abrufbar.

Die jeden Sonntag um 12 Uhr im **Jenisch-Haus** stattfindenden Führungen sind auch für Familien zu empfehlen. Hier kann man über das Leben des Hamburger Großbürgertums im 19. Jahrhundert staunen und in Filzpantoffeln über kostbare Parkettfußböden schlittern. www.hamburg.de/Altonaer-Museum/

Gewächshäuser. Im nördlichen Teil des Parks, am Hochrad, finden sich Gewächshäuser mit verschiedenen tropischen und subtropischen Pflanzen wie Kakteen und Orchideen. Die meisten Pflanzenarten, die hier zu sehen sind, kultivierte schon Martin Johann Jenisch in seiner Sammlung. Seine Gewächshäuser dagegen wurden 1953 durch eine moderne Gewächshausanlage ersetzt. Der Eintritt ist frei, für die Pflege der Häuser wird um eine Spende gebeten.

Arboretum. Zwischen Gewächshäusern, Blumengarten und Jenisch-Haus wurde zu Zeiten von Senator Jenisch eine Sammlung fremdländischer Gehölze angelegt. Hierzu gehören der älteste Ginkgo-Baum Hamburgs und eine Hängeform

Ginkgo-Blatt

des Japanischen Schnurbaums, unter dem man sich gut verstecken kann. Insgesamt gibt es hier 70 verschiedene Laub- und 30 Nadelbaumarten zu bestaunen.

Ernst-Barlach-Haus. Hier können die ausdrucksstarken Skulpturen von Ernst Barlach betrachtet werden. www.barlach-haus.de

Kulinarisches. Das Museumscafé im Jenisch-Haus lockt mit Kaffee und Kuchen. »To'n Peerstall« am Hochrad bietet Mittagskost und Deftiges nach einem langen Wandertag. Rund um den Fähranleger Teufelsbrück finden sich mehrere Cafés und Restaurants. Bei gutem Wetter bietet sich natürlich die Mitnahme eines Picknickkorbs an.

Anfahrt

S1, S11 bis Klein Flottbek. Von dort zu Fuß oder mit der Buslinie 115 bis Marxsenweg. Oder S1, S11 bis Blankenese oder Othmarschen und mit der Buslinie 286 bis zur Holztwiete. Besonders schön: Mit den Hafenfähren 62 und 64 von den Landungsbrücken, in Finkenwerder umsteigen und weiter nach Teufelsbrück.

Wie Ödland zu Wald wird

Der Klövensteen

JOHANNA CRONE | KORNELIA PAUL

Romantische Heide, sumpfiges Moor, weite Feld- und Wiesenflächen, grüne Nadel- und Laubwälder – wer alles auf einmal möchte, findet dies im Klövensteen. Gut gepflegte Wander- und Reitwege durchziehen die Landschaft und laden zu ausgedehnten Wanderungen und Fahrradtouren in dem 512 Hektar großen Gebiet ein.

Der Klövensteen ist kein natürlicher Wald, sondern ein Forst – besteht also aus angepflanzten Bäumen. Ende des 18. Jahrhunderts war das Gelände in Privateigentum

Listspinne

Dachpilz

überführt und den umliegenden Bauernhöfen zugeteilt worden. Da das Land aber nicht nur unfruchtbares Ödland, sondern zudem mit einer Grundsteuer belegt war, wollten die Bauern es nicht haben. Es ging in Staatsbesitz zurück und wurde aufgeforstet, um später das Holz zu nutzen. Das Aufforsten war aufgrund der Bodenbeschaffenheit aber gar nicht so einfach. Die ersten Bäume, die erfolgreich angepflanzt wurden, waren Kiefern, weil diese mit dem hohen Grundwasserspiegel und dem nährstoffarmen Boden gut zurechtkommen. Zusammen mit Fich-

Das Naturschutzgebiet Schnaakenmoor

Tümpel im Schnaakenmoor

ten findet man sie heute noch in vielen Bereichen des Klövensteens. Um Buchen ansiedeln zu können, wurde das Gebiet teilweise entwässert. In den feuchten Bereichen in der Nähe der Rissener Fischteiche gibt es neben den Nadelbäumen auch Birken, Eichen und Ebereschen.
Ein Rest der ursprünglichen Moorlandschaft ist erhalten geblieben: das Schnaakenmoor mitten im Klövensteen. Es ist heute Naturschutzgebiet. Durch das Moor führt ein Rundweg, auf dem man Moorluft schnuppern und sich von der Sonne bescheinen lassen kann. Hier wachsen kaum Bäume, die uns in den Schatten stellen könnten. Aber nicht nur wir können so die warmen Sonnenstrahlen genießen, auch Eidechsen und Kreuzottern sonnen sich hier an windgeschützten Plätzen. Für diese Tiere sind solche sonnigen Plätze wichtig, da sie ihre Körpertemperatur nicht regulieren können. Die Innentemperatur entspricht in etwa der Außentemperatur. Wenn es kalt ist, können sie sich nur langsam bewegen und auch nur langsam in Sicherheit bringen.

Was kann man tun?

Pilze. Im Spätsommer und im Herbst findet man im Klövensteen viele verschiedene Pilze. Welche Pilze essbar und welche giftig sind, ist ein Thema für echte Spezialisten. Aber genau anschauen ist auch spannend. So findet man an dem für Menschen giftigen Fliegenpilz (das ist der mit dem roten Hut und den weißen Punkten drauf) Schnecken, die daran fressen, und es scheint ihnen zu schmecken! Schnecken können das Gift vom Fliegenpilz verdauen, ohne dass es ihnen schadet.

Wenn man ein paar Hüte von verschiedenen Pilzen einsammelt, kann man damit zu Hause Sporenbilder machen. Die Sporen dienen dem Pilz zur Ausbreitung; wo eine Spore zu Boden fällt, kann sich ein neuer Pilz entwickeln. Der Hut des Pilzes wird auf ein Blatt Papier an einen trockenen warmen Ort gelegt. Nach einigen Stunden fallen die Sporen als feines Pulver aus den Lamellen oder Poren an der Unterseite des Hutes. Das gibt tolle sternartige Muster, in verschiedenen Farben. Die Sporenfarbe ist eines von vielen Merkmalen, die der Fachmann zum genauen Bestimmen von Pilzen benötigt.

Was stimmt da nicht? Der Waldboden sieht für unser Auge ganz schön durcheinander aus – sich hier etwas einzuprägen, erfordert schon einige Aufmerksamkeit. Die Mitspieler teilen sich in zwei Gruppen auf. Für jede Gruppe wird ein Areal mit einem mitgebrachten Band oder Ästen eingegrenzt. Fünf Minuten hat nun jede Gruppe Zeit, sich die Dinge ihrer Fläche zu merken. Dann wird getauscht, und innerhalb von weiteren fünf Minuten dürfen fünf Sachen auf der Fläche der gegnerischen Gruppe verändert werden (gut ist es, vorher eine Mindestgröße festzulegen, z. B. die Größe einer Streichholzschachtel). Dabei darf die Fläche jedoch nicht betreten werden, um ungewollte Veränderungen zu verhindern. Jede Gruppe hat nochmals fünf Minuten Zeit, die Umgestaltungen auf ihrer Fläche zu entdecken. Und dann zeigt sich, welche Gruppe ganz genau hinguckt!

Welche Blütenfarbe bevorzugen Insekten? Auf den Wiesen und Weiden des Klövensteens stehen viele verschiedene Blumen. Setzt man sich im Frühjahr mitten in eine Wiese und sieht den Insekten bei ihrem Treiben zu, wird man bald feststellen, dass nicht alle Blüten gleich beliebt sind. Liegt es an der Größe der Blüten oder an ihrer Farbe? Landen Hummeln, Schwebfliegen und Schmetterlinge auf den gleichen Blüten? Wenn man jetzt noch feststellt, welche Blütenfarben die häufigsten sind, wird man bald merken, dass es da einen Zusammenhang gibt.

Hintergrundinformation

Geprägt wurde die Landschaft durch die beiden letzten Eiszeiten. Der Sand, den die Gletscher beim Abschmelzen hinterließen, wurde hier zu Dünen aufgeweht, die mittlerweile überwiegend von Nadelwald bewachsen sind. Die Ansiedlung von Laubbäumen wird gefördert, um den angelegten Forst in einen gesunden Mischwald umzuwandeln.

Schwebfliegen

Auf Blüten findet man im Sommer gelb-schwarz geringelte oder langhaarige Besucher, die bei Berührung aber nicht stechen, sondern nur gefährlich brummen. Fast alle Schwebfliegenarten ahmen Wespen, Bienen oder Hummeln nach, um nicht gefressen zu werden. Sie verraten sich aber durch ihr Flugverhalten. Sie scheinen auf der Stelle zu schweben und schießen bei Störung seitlich weg. Auch haben Schwebfliegen wie alle echten Fliegen nur zwei Vorderflügel, die Hinterflügel sind zu kleinen Kölbchen umgebildet, mit denen die Fliege ihr Gleichgewicht hält. (JH)

Der besondere Tipp Im Frühjahr bietet die Krötenwanderung an den Krötentunneln am Klövensteenweg ein besonderes Schauspiel. Viel versprechend sind die ersten warmen (über 5 °C) und regenreichen Tage im März, dann sollte man sich abends mit einbrechender Dämmerung auf den Weg machen. Taschenlampe nicht vergessen! Da kann man schon mal 100 Kröten antreffen – wenn die alle über die Straße liefen, käme nur ein kleiner Teil auf der anderen Seite lebend an. Deswegen sind die Tunnel eine wichtige Maßnahme zum Schutz der Kröten.

Weitere Möglichkeiten

Reiten. Zusammen mit den angrenzenden Reitwegen in Schleswig-Holstein verfügt der Klövensteen über das größte zusammenhängende Reitwegenetzwerk in Hamburg und Umgebung. Nähere Informationen bei der »Interessengemeinschaft der Klövensteenreiter e. V.«, Uwe Hagen, Tel. (040) 37 22 02. Und noch etwas für Pferdefreunde: Im Restaurant am Ütensener Weg 100 kann man bei Kaffee und Kuchen den Reitern in der Reithalle zuschauen.

Der Walderholungsspielplatz ist für Groß und Klein gut geeignet, da er vom Baumklettergerüst bis zum Picknickplatz alles bietet.

Wildgehege am Sandmoorweg: Hier können Wildschweine, Rotwild, Damwild, Sikawild, Ziegen und Mufflonschafe beobachtet werden. Auch Iltis, Eulen, Uhus und Wildschweine sind hier zu sehen. Wer die Wildtiere von oben betrachten möchte, der sollte einen Blick vom Hochstand riskieren. Das ganze Vergnügen ist kostenlos. Wünsche für Führungen (ab 8 Personen) können beim Wildwart schriftlich in den am Eingang angebrachten Briefkasten geworfen werden. Revierförsterei Klövensteen: Tel. (04101) 6 24 34. www.forsthamburg.de/kloevensteen.htm

Anfahrt

S1 bis Rissen und dann zu Fuß oder mit dem Fahrrad über Sandmoorweg und Rüdigerau.

»Kröti«
Marcus, 9 Jahre

Der Leuchtturm am Wald

Die Wittenbergener Heide

HILKE SCHRÖDER

»Blinkfüer« heißt das Schullandheim, und die Gegend drum herum Wittenbergener Heide – dabei steht es mitten im Wald! Ein kleines Fleckchen Heide gibt es aber doch noch, nur liegt dies etwas weiter weg. Es ist sehr wertvoll und steht unter Naturschutz, weil es nördlich der Elbe in Hamburg kaum noch Heiden gibt.

Bienenbesuch an der Besenheide

Beim Eingang zum Schullandheim am Wittenbergener Weg stehen einige alte Kiefern. Beim genaueren Hinsehen stellt man fest, dass es verschiedene Arten sind: die Gewöhnliche Sandkiefer mit kurzen Nadeln und rötlicher Rinde am oberen Stamm und die Schwarzkiefer mit dunkler Rinde und längeren, kräftigen Nadeln. Außerdem wachsen am Weg Fichten und Tannen. Fichten haben meistens spitze, kantige Nadeln, die pieksen, während die Nadeln unserer Tannen vorn leicht abgerundet und flach sind. Beim Schmücken des Weihnachtsbaumes merkt man sehr schnell, ob man eine Fichte oder eine Tanne gekauft hat! Auch an den Zapfen kann man einen Unterschied erkennen. Die Zapfen der Tannen stehen aufrecht auf den Zweigen, die Fichtenzapfen hängen. Auf dem Schulgelände gibt es auch verschiedene Laubbäume wie

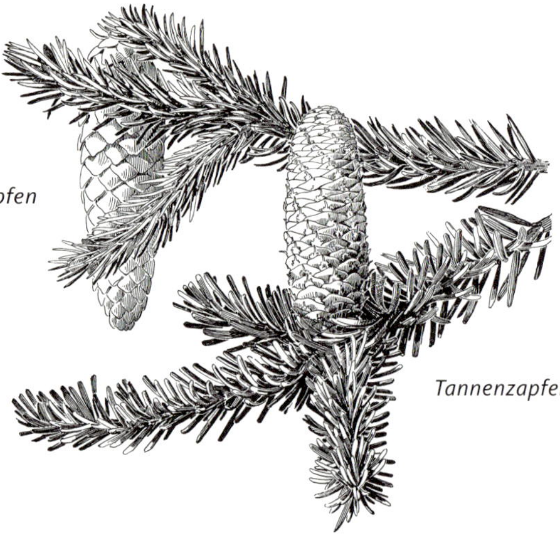

Birken, Ahorn und Buchen. Am häufigsten aber ist die Stieleiche. Sie heißt so, weil ihre Früchte gestielt sind. Wenn die Eicheln herausgefallen sind, sehen die leeren Fruchtbecher aus wie kleine Tabakspfeifen. Die Blätter sitzen ohne Stiel direkt am Zweig.

Geht man vom Schulgelände nach Westen, gelangt man durch den sich selbst überlassenen Wald in lichtere Bereiche mit Besenginster, der im Mai und Juni leuchtend gelb blüht. Und dann geht's hinaus auf freie sandige Flächen – die eigentliche Heide. Hier blüht im September das Heidekraut.

Der Reiz der Wittenbergener Heide ist die Vielfalt und die Naturbelassenheit des Geländes. Nach geraden und gekennzeichneten Wegen sucht man vergeblich. Einfache Trampelpfade gehen kreuz und quer durch den Wald. Daher ist es gar nicht so einfach, sich den richtigen Weg zu merken. Aber das Gelände ist nicht so groß. Kommt man an einer anderen Stelle wieder aus dem Wald heraus, als man hineingegangen ist, wird man über die umgebenden Straßen oder die Elbseite leicht seinen Weg zurück finden.

Bewaldete Düne

Buchen sollst du suchen, vor Eichen sollst du weichen – stimmt das?

Ein Blitz ist kein Botaniker und kann nicht blitzschnell zwischen den verschiedenen Baumarten unterscheiden. Er schlägt in die höchste Erhebung ein, egal, ob Eiche oder Buche. Der Unterschied: Bei der Eiche ist die Wirkung größer. Die Buche hat einen geraden Stamm, bogenförmige Äste und eine glatte Rinde. Bei Regen fließt das Wasser zusammen und bildet auf der Rinde einen Film, auf dem der Blitz ohne größeren Schaden zu Boden gleiten kann. Die Eiche hat einen knickigen Wuchs und eine rissige Rinde. Hier kann sich kein Wasserfilm bilden. Der Blitz springt über, schlägt Äste ab und lässt die Rinde abplatzen.
Bei Gewitter offenes Gelände und einzeln stehende Bäume meiden! Im Wald und im Haus ist das Risiko geringer. Im Auto ist man sicher. (HP)

Der größte Teil der Wittenbergener Heide ist Naturschutzgebiet, nur im Bereich des Schullandheimes und unmittelbar nördlich (bis zum Tinsdaler Kirchenweg) und südlich (bis zur Elbe) davon besteht kein Naturschutz.

Was kann man tun?

Tiere suchen. *Ich habe im Wald eine Spinne gefangen. Ich habe sie im Spinnennetz gefunden. Sie hatte viele Haare auf ihrem Körper und lange Beine. Sie hat ihr Netz gesponnen. (Vanessa, 8 Jahre)*
Um Tiere genau zu untersuchen, ist eine Becherlupe besonders nützlich. Möglichst viele verschiedene kann man suchen, im Wald, im Boden oder unter Baumstämmen. Eine erste Einteilung der Tiere ist ganz einfach – über die Anzahl der Beine. Sehr viele Tiere haben sechs Beine. Egal, ob Käfer, Fliege, Ameise oder Hummel – sie alle gehören zu den Insekten. Spinnen lassen sich an ihren acht Beinen (und acht

Paradieshüpfer
Lirola, 9 Jahre

Augen!) erkennen. Die Beine einer Kellerassel zu zählen, ist nicht ganz einfach. Aber mit ein bisschen Raten findet man die richtige Zahl, nämlich 14. Und Tiere mit mehr als 30 Beinen kennt jeder als Tausendfüßer. Gibt es auch Tiere ohne Beine? Klar: Schnecken und Regenwürmer.

Fuchs & Hase. Es ähnelt dem Spiel »Alle Vögel fliegen hoch«, nur kann man hier mehr herumtoben. Die Mitspieler teilen sich in zwei Gruppen und stellen sich in zwei Reihen mit einem Abstand von gut 2 m gegenüber auf. Eine Gruppe sind die Hasen, die andere die Füchse. Der, der am meisten über Tiere weiß, ist der Spielleiter. Nun überlegt man gemeinsam, wer normalerweise wen jagt – natürlich die Füchse die Hasen. Immer, wenn der Spielleiter etwas Richtiges sagt, wie

»Insekten haben sechs Beine«, dann jagen die Füchse die Hasen. Sagt er etwas Falsches, dann ist die Welt verkehrt, und die Hasen jagen die Füchse. Die Mitspieler müssen also blitzschnell entscheiden, ob die Aussage richtig oder falsch ist, und dementsprechend weglaufen oder die andere Gruppe jagen. Das Spielfeld wird durch auffällige Bäume, einen Weg oder eine Weggabelung begrenzt. Jenseits von dieser Markierung ist man in Sicherheit und kann nicht mehr gefangen werden. Wer gefangen wurde, wechselt in die andere Gruppe.

Fühlsack. Ein Mitspieler sammelt verschiedene Dinge aus dem Wald in einen kleinen Beutel oder ein zusammengeknotetes Tuch. Gerade in einem Mischwald gibt es viele verschiedene Früchte wie Eicheln, Kastanien, Bucheckern und Tannenzapfen. Auch ein Blatt, ein Stein, ein Stück Rinde, der Zweig eines Baumes und vieles mehr sind für einen Fühlsack gut geeignet. Alle stellen oder setzen sich in einen Kreis, und nun geht der Fühlsack herum. Jeder merkt sich, was er erfühlt hat, ohne es den anderen zu verraten. Am Ende zählt jeder auf, welche Dinge er erkannt hat.

Hintergrundinformation

Es gibt in Hamburg nur noch ein größeres Heidegebiet, die Fischbeker Heide. Und dabei haben Heiden noch vor 200 Jahren das Bild der Geestlandschaft in Schleswig-Holstein und Niedersachsen bestimmt. Lange hat man gedacht, dass es sich bei Heiden um Urlandschaften handelt, aber das war ein Irrtum. Heiden sind vom Menschen gestaltete Lebensräume. Sie entstanden seit dem Mittelalter dort, wo Eichen-Birken-Wälder gerodet wurden, um das Holz zu verwerten oder Weideland für Schafe zu schaffen. Als die Weidenutzung unrentabel wurde, eroberte der Wald die Flächen zurück. Viele Gebiete wurden auch aufgeforstet.
Heiden sind vor allem auf armen und mageren Sandböden entstanden. Die Wittenbergener Heide hat sich auf einer Flugsanddecke gebildet, wie man sie häufig entlang der gro-

ßen Stromtäler findet. Ein weiteres Beispiel dafür sind die Boberger Dünen. Die früher baumlosen Sandflächen sahen wie weiße Berge aus, daher der Name Wittenbergen.

Der besondere Tipp Kurz hinter Blankenese steht am nördlichen Elbufer der erste von drei Leuchttürmen, am Anleger Wittenbergen der zweite, und wenig weiter oben ist auch schon der dritte Leuchtturm (Tinsdal) zu sehen. Die beiden Leuchttürme Wittenbergen und Tinsdal bilden zusammen das Richtfeuer. Wittenbergen ist das Unterfeuer (Höhe 28,8 m), Tinsdal das Oberfeuer (38,7 m hoch). Ein- und auslaufende Schiffe müssen immer darauf achten, dass beide Feuer direkt senkrecht übereinander stehen, dann sind sie genau in der »Feuer-Richtlinie«.
Der Wittenbergener Leuchtturm kann bestiegen werden. Von der Plattform aus hat man einen fabelhaften Blick über die Elbe. Die Öffnungszeiten erfährt man unter Tel. (04103) 931 40.

Anfahrt

S1, S11 bis Wedel oder Blankenese, weiter mit der Buslinie 189. Mehrere Haltestellen kommen in Frage: Der Tinsdaler Heideweg führt in den Heidebereich im westlichen Teil des Gebietes, Richtung Elbe und zum Leuchtturm, der Furtweg zum Waldteil und in westlicher Richtung zum Heideteil. Von der Haltestelle Tinsdaler Kirchenweg/Ecke Wittenbergener Weg gelangt man in den Waldbereich oberhalb der Freiluftschule.

Große Pötte und kleine Tiere

An der Niederelbe

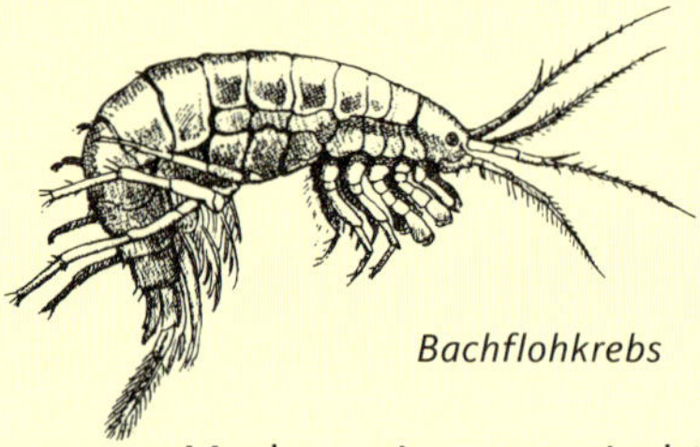

Bachflohkrebs

HILKE SCHRÖDER

Strand? In Hamburg? Klar, an der Elbe von Övelgönne bis Schulau. Die Landschaft an der Elbe unterhalb Hamburgs kann zu Wasser oder zu Land entdeckt werden. Machen wir uns am Jachthafen in Övelgönne auf den Weg elbabwärts. Schon nach wenigen hundert Metern erreichen wir den Strand. Der Sand ist hier künstlich aufgeschüttet, und damit er nicht fortgeschwemmt wird, ist er durch Steinwälle, die Stacks oder Buhnen, geschützt. Es lohnt sich, mal ein paar von den Steinen direkt am Wasser umzudrehen. Dort krab-

Unter Steinen findet man die tollsten Tiere

beln fast immer kleine, flinke Flohkrebse, die durch ihre typische seitliche Schwimmlage leicht zu erkennen sind. Es ist gar nicht so einfach, aber mit einem kleinen Kescher können wir die Flohkrebse in ein Gefäß mit Wasser setzen und sie in Ruhe betrachten. Wie die hin- und herwuseln! Aber unter den Steinen lebt noch ein anderer Krebs: die bis zu 8 cm große Wollhandkrabbe. Sie heißt so, weil ihre Scheren von kurzen, dichten Haaren bedeckt sind. Wollhandkrabben kommen vor allem in den Kuhlen unter den Steinen vor. Hier sammelt sich das Wasser und bildet kleine Priele, in denen sie sich gern

Eine besonders große Wollhandkrabbe

aufhalten. Wollhandkrabben haben nur kleine Scheren, sind völlig ungefährlich und können leicht am Panzer angefasst werden.

Wir laufen weiter am Strand entlang, vorbei an großen Weiden mit ausladenden Ästen. Eine der umgeknickten Weiden

bietet sich als Picknickplatz an. Auf ihren Blättern kann man kurz behaarte, herrlich silbrig-glänzende, rundliche Käfer entdecken: die Weidenblattkäfer. Auf unserem weiteren Weg Richtung Teufelsbrück fragen wir uns, warum der Fähranleger eigentlich so heißt. Eine alte Legende erzählt, dass die Flottbek, ein Bach, der durch den Jenischpark fließt, vor langer Zeit häufig die von vielen Fuhrwerken befahrene Landstraße überflutet hat. Deshalb beschloss man, eine Brücke über die Flottbek zu bauen. Aber dem Brückenkonstrukteur machte der moorige Untergrund so sehr zu schaffen, dass er schließlich einen Pakt mit dem Teufel schloss: Die erste Seele, die über die Brücke gehe, solle dem Teufel anheim fallen. Es war ein Hase ...
Wenn wir Ausdauer haben und gut trainiert sind, gehen wir über Blankenese nach Wittenberge oder gar bis Schulau. Man kann sich den weiteren Weg aber auch für einen zweiten Spaziergang aufheben. Beim Blick über die Elbe fällt uns auf, dass sich das andere Ufer immer weiter entfernt. Hier sind

Baumstamm am Strand

früher Süder- und Norderelbe zusammengeflossen. Die Süderelbe wurde nach der großen Flut von 1962 abgedämmt. Im Süden liegt das Mühlenberger Loch, ein Schutzgebiet von europaweiter Bedeutung. Sein Süßwasserwatt ist gleichzeitig Rastplatz für Wasservögel, Kinderstube für Jungfische und Lebensraum für Pflanzen, die nur im Hamburger Raum vorkommen. Dennoch wurde es zu einem großen Teil zugeschüttet, um Platz für den Flugzeugbau zu schaffen.

Was kann man tun?

Krabbenrennen. Jeder Mitspieler sucht sich eine Wollhandkrabbe. Dann gehen alle ein paar Schritte vom Wasser weg und setzen ihre Krabben auf den Sand. Es ist schon erstaunlich, wie schnell die Tiere ihren Weg zum Wasser zurück finden und wieder unter Steinen verschwunden sind. Den wenigsten Tieren wird es passieren, dass sie in die falsche Richtung laufen. Offenbar haben Wollhandkrabben einen guten Orientierungssinn. Aber bitte daran denken: Das Krabbenrennen ist für den Beobachter spannend, aber für die Krabben anstrengend.

Ebbe und Flut beobachten. Gezeiten gibt es auch an der Elbe, denn die Nordsee ist nicht weit. Schwimmt ein Papierschiffchen oder ein Stück Holz Richtung Nordsee, dann ist abfließendes Wasser, also Ebbe. Schwimmen sie Richtung Hamburg, kommt das Wasser von der Nordsee herein, dann ist Flut. Gut beobachten kann man die Gezeiten auch an den Fähranlegern: Wenn man von der Fähre auf einen schwimmenden Anleger, einen Ponton, aussteigt, geht man manchmal steil bergauf an Land und manchmal nur ganz leicht. Kommt man nach einigen Stunden zum Ponton zurück, hat sich das Bild deutlich verändert.

Große Schiffe verändern die Wasserhöhe. Das lässt sich am offenen Sandstrand ganz einfach feststellen. Sieht man in der Ferne einen großen Pott kommen, läuft man

Vorsicht, Welle!

ans Ufer hinunter und zieht mit einem Stock eine Linie, wenige Zentimeter von der Wassergrenze entfernt. Beim Näherkommen des Schiffes kann man beobachten, wie sich das Wasser von der Linie entfernt – das Schiff zieht das Wasser förmlich an. Ist das Schiff vorbei, bringt man sich schnell mit einigen Schritten rückwärts in Sicherheit, denn jetzt schwappt eine Welle ans Ufer, die unsere Linie glatt überspült – das gibt nasse Füße!

Steine sammeln. Besonders reiche Funde macht man am Strand zwischen Wittenbergen und Schulau. Wie unterschiedlich Steine sind, wenn man sie genau ansieht! Experten können manchmal nicht nur das Land bestimmen, aus dem sie stammen, sondern sogar genau den Berg, von dem sie während der Eiszeiten abgesprengt wurden. Aber einige Steine sind auch für den Anfänger leicht zu erkennen. Zur Ausrüstung sollte ein kleiner Hammer gehören, damit die vom Wasser in Jahrtausenden glatt gespülte Oberfläche der Steine aufgeschlagen werden kann. So wird die Gesteinsart sichtbar. Sehr häufig ist es Granit, der durch seine verschiedenen Farben gut zu erkennen ist. Er besteht aus drei Gesteinsarten: Feldspat, Quarz und Glimmer. Der rote oder braune Feldspat zeigt große glatte Flächen mit einem mehr oder weniger starken Glanz. Der unregelmäßige, glasfarbene Quarz liegt meistens in kleinen Körnern dazwischen, während der Glimmer nur in kleinen Schuppen glitzert. Ein weiterer gut erkennbarer Stein ist der Basalt, der aus Südschweden stammt. Er ist schwarz und fast immer an einigen Stellen von einer gelblichgrünen, glasigen Masse durchzogen, dem Olivin. Granit und Basalt sind magmatische Gesteine, die durch starke Hitze bei Vulkanausbrüchen oder Erdbeben entstanden. An der Elbe finden wir außerdem in der Uferbefestigung und in Buhnen sehr schwere graue bis schwarze Steine. Sie fallen als Abfall-Schlacke bei der Erschmelzung von Kupfer, Mangan und Silber aus Roherz in der Norddeutschen Affinerie auf der Peute an.

Fast überall findet man die grauen oder gelblichen Sedimentgesteine, die schichtweise aus Ablagerungen im Wasser hervorgegangen sind. Manchmal kann man in ihnen Reste von versteinerten Organismen wie verschiedenen Krebstieren finden. Eine besondere Art der Sedimentgesteine sind die Sandsteine, die man schon mit bloßem Auge als aus Sandkörnern zusammengesetzt erkennt. Die durch Manganeinlagerungen rotbraun gefleckten heißen Leopardensandsteine. Ein besonders großer Stein, der bei Arbeiten zur Vertiefung der Fahrrinne in der Elbe entdeckt wurde, liegt jetzt am Strand zwischen Övel-

gönne und Teufelsbrück. Dieser Findling hat in der Eiszeit eine sehr lange Reise aus dem Norden hinter sich gebracht. Daher sein Name: Der alte Schwede. Und aus was für einem Gestein besteht dieser Findling?

Hintergrundinformation

Bevor Norddeutschland während der letzten Eiszeit ganz von Eis bedeckt war, also vor mehr als 30.000 Jahren, gab es nur einen deutschen Urstrom, der aus Elbe, Weichsel, Oder und Spree bestand. Eine Klimaänderung vor etwa 20.000 Jahren brachte die Eismassen zum Abschmelzen. Und da Eis und Wasser eine gewaltige Kraft haben, rissen sie Gesteinstrümmer, Schlick und Schlamm mit sich fort. Diese lagerten sich auf ihrem Weg von Norden ab und zerteilten den Urstrom in Norder- und Süderelbe, Dove und Gose Elbe, Köhlbrand und Reiherstieg und bildeten die Elbinseln Wilhelmsburg, Altenwerder, Finkenwerder und die Vierlande.
Durch Uferbefestigungen, Leitdämme und Kaimauern wurde die Elbe zu einem Strom vereinigt und die Ufer vor weiterer Abtragung bewahrt. Das ganze Gebiet an Norder- und Süderelbe war damals ein Moor, und noch heute befindet sich unter dem Flugsand am Wittenbergener Elbufer ein etwa 1 m dickes

Zypressen-Wolfsmilch

Torflager – der Rest des damaligen Moores. Die Steilufer an der Elbe bestehen aus Geschiebemergel, der ebenfalls während der Eiszeit aus dem Norden zu uns transportiert wurde.

Der besondere Tipp Schön ist eine Fahrradtour am Sonntag durch den Hamburger Hafen. Der Berufsverkehr ruht zum großen Teil, und man kann sich in aller Ruhe die Hafen- und Industrieanlagen von der Landseite ansehen. Und vor allem: Der Hafen ist ein spannender Ort für naturkundliche Exkursionen. Vogelkundler finden hier im Frühjahr und Spätsommer große Vorkommen von Seeschwalben und im Winter die Berghänflinge. Botaniker entdecken typische Pflanzen des Elbufers wie den Schierlings-Wasserfenchel – eine echte Rarität! – oder so schön blühende Pflanzen wie die Zypressen-Wolfsmilch und den Natternkopf.

Natternkopf

Anfahrt

U3, S1, S3 bis Landungsbrücken. Von dort erreicht man Övelgönne bzw. Neumühlen und Teufelsbrück mit der Hafenfähre 62. Nach Övelgönne fährt auch die Buslinie 112, bis Endstation Neumühlen. Nach Teufelsbrück fahren die Buslinie 286 und der Schnellbus 36.

Die Nacktschnecke wohnt gleich nebenan

Pflasterfugen und ungenutzte Ecken

GISELA BERTRAM

Manchmal hat man nicht so viel Zeit, um sich auf den Weg von Altona in den Volkspark oder ein anderes Stück Grün in Hamburg zu machen. Oder das Wetter ist zu schlecht. Da bietet es sich an, mit Marmeladenglas und Teelöffel – noch besser, mit Becherlupe – die unmittelbare Umgebung zu untersuchen, wie z. B. den klitzekleinen Schulgarten. Er liegt in einem Winkel des Schulgeländes und misst etwa 15 m an jeder Seite des Dreiecks. Mit anderen Worten, er ist 15 mal 15 durch zwei ... also rund 100 Quadratmeter groß. Die Idee: Mal gucken, ob hier überhaupt Tiere leben, und wenn ja, welche. Auf den ersten Blick sieht der Garten ziemlich tot aus, viele Blätter liegen schon auf dem Boden, nichts rührt sich. War das wirklich eine gute Idee, hierher zu gehen?

Was kann man tun?

Tierverstecke suchen. Denn vielleicht verstecken sich die Tiere. Oder sie sind zu klein, um auf den ersten Blick aufzufallen. Also fangen wir an, die Verstecke zu suchen: Zuerst

Tausendfüßer *Sima, 8 Jahre*

werden einige Steine umgedreht. Unter dem dritten krabbelt uns vielleicht schon eine Kellerassel entgegen und auch ein Steinkriecher. An einer anderen Stelle hat jemand leere Blumentöpfe ineinander gesteckt und in eine Ecke gestellt. Unter und zwischen den Töpfen gibt es verschiedene Schnecken zu entdecken: kleine und große Nacktschnecken und auch Schnecken mit ganz unterschiedlichen Häusern. Ein Bretterstapel kann vorsichtig auseinander genommen werden, oft sind die Bretter, die in der Mitte lagen, ganz trocken. Zwischen ihnen haben manchmal Spinnen ihr Versteck, die dann ganz schnell weglaufen. Aber meistens kann man sie doch mit dem Marmeladenglas fangen und beobachten. Unter den Blättern, die auf dem Boden liegen, wird mit den Löffeln in der Erde gegraben – so findet man Regenwürmer.

Tiere zeichnen. Wenn es draußen zu ungemütlich wird, kann man sich mit seinen Tieren und etwas Erde und Laub nach drinnen verziehen und malen. Tiere, Steine, Blumentopf

und Bretterstapel entstehen jetzt auf Zetteln. Ein großes Papier oder eine Pappe dient dabei als Unterlage. Hierauf klebt man die gemalten Tiere mit ihrem Fundort. Also: Die Kellerassel verkriecht sich unter dem Stein, der Regenwurm in der Erde unter Laub, und die Mücke fliegt in der Luft. So können auch Leute, die nicht mit draußen waren, sofort verstehen, wo sich welche Tiere verstecken! Natürlich tragen wir die Tiere aus den Marmeladengläsern am Ende wieder nach draußen!

Verstecke für Tiere bauen. Haben die Tiere in unserer Ecke genug Möglichkeiten, sich zu verstecken, oder können wir dafür sorgen, dass sie noch mehr Verstecke finden? Vielleicht können wir einen Laubhaufen in der Ecke liegen lassen oder einen kleinen Holzhaufen aufschichten.

Kellerasseln tragen ihre Eier und Jungen mit sich herum

»Der Regenwurm ist manchmal krumm«

Ein hungriger Vogel hat einen Regenwurm am Hinterende gepackt und will ihn aus der Erde ziehen. Aber der Regenwurm mit seinen wenigen Borsten – denn er ist ein Ringelwurm aus der Ordnung der Wenigborster – hält sich in seiner Wohnröhre fest. Bis zu 50 seiner 110 – 180 Ringel kann er abwerfen und dem Vogel opfern. Sie wachsen wieder nach. Dass man ihn in der Mitte durchtrennen kann und aus jeder Hälfte ein neuer Wurm nachwächst, stimmt dagegen nicht: Das nützliche Tier würde sterben!
Der Regenwurm frisst Reste von Tieren und Pflanzen und scheidet sie als krümelige Erdc wieder aus. Ohne den Regenwurm und die vielen anderen Bodenorganismen würde sich das, was von Bäumen und Sträuchern zu Boden fällt, zu riesigen Abfallhaufen auftürmen. Für dieses vorbildliche Recycling sorgen auf einem Quadratmeter Boden durchschnittlich 20 Regenwürmer! (HM-M)

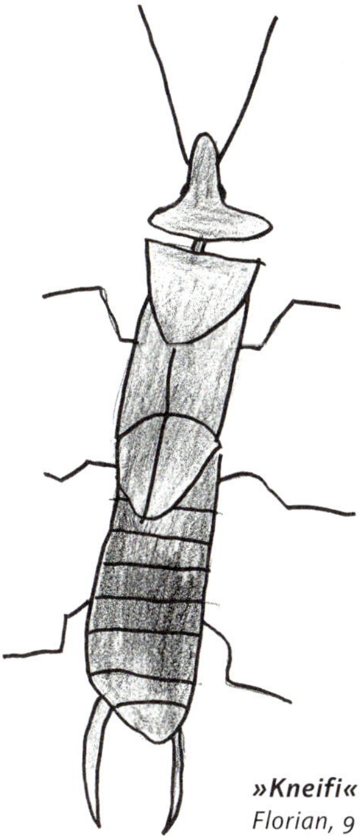

»Kneifi«
Florian, 9 Jahre

Der besondere Tipp Immer mal wieder gucken! – Sind im Sommer andere Tiere da als im Herbst, treffen wir sie immer in den gleichen Verstecken an? Können wir im Winter Spuren entdecken? Finden wir in diesem Jahr mehr Tiere als letztes Jahr? Gerade wenn das Untersuchungsgebiet gleich um die Ecke liegt, kann man gut solche Beobachtungen machen. Auch richtige Wissenschaftler machen so etwas und nennen dies Dauerbeobachtung. Nur so können sie feststellen, ob und wie sich ein Gebiet mit der Zeit verändert. Nicht nur Tiere sind interessant, auch Pflanzen kann man gut beobachten, eigentlich noch besser als Tiere, da sie nicht weglaufen. Und Pflanzen verändern sich mit den Jahreszeiten. Wenn man sich eine ganz bestimmte Pflanze auswählt und sie mehrmals im Jahr aufsucht, kann man sehen, wann sie Blätter bekommt, wann sie blüht, ob Tiere an ihr gefressen haben oder ob Tiere an oder in ihr wohnen.

Weitere Möglichkeiten

Eigentlich kann man in fast jeder etwas ruhigeren Ecke der Natur auf die Spur kommen, selbst in den Spalten zwischen den Gehwegplatten oder in dem kleinen Gebüsch am Schultor.

Natur Erleben in Hamburg
Übersichten und Informationen

Naturschutz-Informationshäuser der Behörde für Umwelt und Gesundheit

Naturschutz-Informationshaus
Boberger Niederung, betreut von der Stiftung Naturschutz Hamburg und Stiftung zum Schutz gefährdeter Pflanzen (Kapitel Boberg).

Naturschutz-Informationshaus
Duvenstedter Brook
Duvenstedter Triftweg 140
22397 Hamburg
Tel. (040) 60 72 46
Betreut vom Nabu in Zusammenarbeit mit BUND, Botanischem Verein und Naturwacht Hamburg.

Naturschutz-Informationshaus
»Schafstall« in der Fischbeker Heide
Fischbeker Heideweg 43
21149 Hamburg
Tel. (040) 702 66 18
Betreut von der Stiftung Naturschutz Hamburg und Stiftung zum Schutz gefährdeter Pflanzen.

Umweltverbände

ANU / Arbeitsgemeinschaft Natur- und Umweltbildung,
Landesverband Hamburg e. V.
c/o Hamburger Umweltzentrum
Karlshöhe 60 d
22175 Hamburg
Tel. (040) 600 38 60
Naturerlebnisangebote für Kinder, Schulklassen, Familien, Erwachsene, Abenteuercamps, Kindergeburtstage im Grünen,
www.anu-hamburg.de

Botanischer Verein zu Hamburg e. V.
Op de Elg 19 a
22393 Hamburg
Tel. (040) 601 60 53
Horst.F.Bertram@gmx.de
www.botanischerverein.de
Neben botanischen Exkursionen und aktueller Naturschutzarbeit führt der Verein die »Naturkundlichen Streifzüge« durch, für die Biologen und Studierende der Biologie als Exkursionsführer an Hamburger Schulen vermittelt werden.

BUND Landesverband Hamburg
Landesgeschäftsstelle:
Lange Reihe 29
2099 Hamburg
Tel. (040) 600 38 60
Fax (040) 600 38 720
bund.hamburg@bund.net
http://vorort.bund.net/hamburg/

Der Verband betreibt unter anderem zwei Häuser mit umfangreichen Umweltbildungsangeboten:
»Kelle-Haus«
Loehrsweg 13
20249 Hamburg
Tel./Fax (040) 460 34 32
BUNDjugend.Hamburg@bund.net und das Hamburger Umweltzentrum Karlshöhe (Kapitel Karlshöhe).

Deutscher Jugendbund für Naturbeobachtung (DJN)
Justus-Strandes-Weg 14
22337 Hamburg
Tel./Fax (040) 50 67 64
djn@gmx.de
www.projektwerkstatt.de/naturbeobachtung/djn/djn.html
Ein seit Jahrzehnten erfolgreicher Zusammenschluss von Jugendlichen, die sich die Erforschung und Erhaltung der Natur zum Ziel gesetzt haben. Die Jugendlichen leiten und verwalten den Verband selbst, kein Mitglied ist über 25 Jahre alt.

NABU Naturschutzbund Hamburg
Habichtstraße 125
22307 Hamburg
Tel. (040) 69 70 89 0
Fax (040) 69 70 89 19
NABU@NABU-Hamburg.de
www.nabu-hamburg.de
Der Nabu bietet für die mobile Umweltbildung vor Ort das *Fuchsmobil* an.
Jugendorganisation des NABU, die NAJU Hamburg:
Tel. (040) 69 70 89 20
Fax (040) 69 70 89 19
Mail@NAJU-Hamburg.de
www.NAJU-Hamburg.de

Schutzgemeinschaft Deutscher Wald e. V.
Landesverband Hamburg
Lokstedter Holt 46
22453 Hamburg
Tel. (040) 58 69 27
Fax (040) 58 79 52
sdw@wald.de
www.wald.de/sdw/index.htm
Neben der Biotoppflege ist Umweltpädagogik ein Arbeitsschwerpunkt dieses Verbandes.

Verein Jordsand
Haus der Natur (Kapitel Gut Wulfsdorf)
Fax (04102) 31 98 3
info@jordsand.de

Waldjugend Hamburg e. V.
Lokstedter Holt 46
22453 Hamburg
Tel. (040) 530 556-22
Fax (040) 530 556-18
info@waldjugendhamburg.de
www.waldjugendhamburg.de
Ein von Jugendlichen selbst organisierter Verband.

Behörden

Behörde für Wirtschaft und Arbeit, **Abteilung Landwirtschaft und Forsten**
Alter Steinweg 4
20459 Hamburg
Tel. (040) 428 41-15 14
Fax (040) 428 41-321
www.forst-hamburg.de

Behörde für Umwelt und Gesundheit, **Fachamt für Stadtgrün und Erholung**
Billstraße 84
20539 Hamburg
Tel. (040) 428 45-39 51
Fax (040) 428 45-20 70
stadtgruen@bug.hamburg.de
www.stadtgruen.hamburg.de

Behörde für Umwelt und Gesundheit, **Naturschutzamt Hamburg**
Billstraße 84
20539 Hamburg
Tel. (040) 428 45-20 43
Fax (040) 428 45-25 79.
http://fhh.hamburg.de/stadt/Aktuell/behoerden/umwelt-gesundheit/umwelt/natur/start.html

Behörde für Umwelt und Gesundheit, **Projektstelle Nachhaltige Entwicklung**
Billstraße 84
20539 Hamburg
Tel. (040) 428 45-39 06
Fax (040) 428 45-39 43
www.nachhaltige-entwicklung.hamburg.de
Die Projektstelle Nachhaltige Entwicklung setzt sich auf verschiedenen Ebenen für die Nachhaltigkeit in Hamburg ein. Gerade junge Menschen sollen für einen umweltgerechten, sozial und global verantwortungsbewussten Lebensstil gewonnen werden. Insbesondere durch Naturerleben wird Verständnis für den Erhalt der natürlichen Umwelt geweckt.

Veröffentlichungen

Faltblätter mit Karten: von einigen der insgesamt 28 Naturschutzgebiete in Hamburg, Hamburger Stadtpark, Außenalster, Planten un Blomen und Harburger Stadtpark.

Naturerleben und Umweltlernen in Hamburg
100 Orte und Institutionen der außerschulischen Umweltbildung. Herausgegeben von der BUG / Projektstelle Nachhaltige Entwicklung / Referat Umweltbildung. 2003.
Der Schwerpunkt liegt auf Naturerfahrung und Umweltbildung: Ein Wegweiser zu 100 Bildungsstätten, Freiluftschulen und Schullandheimen, Exkursionsangeboten, Lehrpfaden, FÖJ-Einsatzstellen, Waldkindergärten sowie Umweltbildungs- und Jugendumweltverbänden.

Mit Kindern ins Hamburger Grün. 2002. Der Schwerpunkt liegt auf Spiel und Freizeitspaß. Ein Wegweiser zu mehr als 100 Spielplätzen, Freibädern, Badeseen, Tierparks, Wildgehegen, Lehrpfaden, Bootsverleihs usw. sowie Gartenbauabteilungen und weiteren Ansprechpartnern für Familien und Kinder.

Natur in der Stadt.
Die Hamburgischen Naturschutzgebiete. 87 S. Herausgegeben von der BUG – Naturschutzamt. Schutzgebühr 2,50 €.

Umweltbildung unter dem Anspruch der nachhaltigen Entwicklung in Hamburg.
Der Schwerpunkt liegt auf Informationen über Leitbilder, Methoden und konkrete Praxisbeispiele, mit Arbeitsblättern. Besonders für Lehrerinnen und Lehrer geeignet.
Herausgegeben von der BUG/Projektstelle Nachhaltige Entwicklung/Referat Umweltbildung. 2 Bände, 2001. Schutzgebühr 5,– € pro Band.

Veröffentlichungen erhältlich:
Informationszentrum für Umwelt und Entsorgung,
Hermannstraße 14
20095 Hamburg
Fax (040) 428 86-42 10
geöffnet Mo-Fr 10-18 Uhr.
Telefonische Auskünfte erteilt das BUG-Umwelttelefon (Monika Gutte, Anette Ried, Petra Schnabel, Karin Wittstock):
Mo-Do 9-16 Uhr, Fr 9-14 Uhr,
Tel. (040) 34 35 36,
umwelttelefon@bug.hamburg.de

Sauerklee

Eine kleine Auswahl von Büchern, die für Streifzüge nützlich sein können

Natur erleben

Cornell, Joseph: *Mit Kindern die Natur erleben.* Mühlheim 1999. 178 Seiten. 10,20 €

Weber, Adolf: *Natur vor unserer Tür.* Texte aus der gleichnamigen Sendereihe der NDR Hamburg-Welle 90,3. Quickborn 2000. 10,60 €

Tiere

Bellmann, Heiko: Der neue Kosmos-Insektenführer. Extra: *Die wichtigsten Spinnentiere.* Stuttgart 1999. 22,50 €

Engelhardt, Wolfgang; Jürging, Peter; Pfadenhauer, Jörg; Rehfeld, Klaus: *Was lebt in Tümpel, Bach und Weiher?* Stuttgart 1996. 14. Aufl. 313 Seiten. 24,90 €

Roche, Jean C.; Singer, Detlef: *Alle Vögel sind schon da.* Naturführer und eine CD. Alle mitteleuropäischen Singvögel. Stuttgart 2002. 2. Aufl. 128 Seiten. 9,90 €

Lang, Angelika: *Spuren und Fährten unserer Tiere.* München 1985. 127 Seiten. 9,95 €

Pflanzen

Fitter, Richard; Fitter, Alastair; Blamey, Marjorie: *Pareys Blumenbuch – Blütenpflanzen Deutschlands und Nordwesteuropas.* Berlin 2000. 3. Aufl. 336 Seiten. 19,95 €

Autoren der Kästen und weitere Künstler

Kästen: Gisela Bertram (GB); Vigo Christophersen (VC); Barbara Elling (BE); Urban Holter (UH); Joachim Horstkotte (JH); Tobias Lenz (TL); Heike Markus-Michalczyk (HM-M); Hans-Helmut Poppendieck (HP); Hilke Schröder (HS); Martin Zörner (MZ)

Tiere im Wald, Zusammenstellung: Joachim Horstkotte, S. 171
Tiere im Wald, Zeichnungen: Monika Hänel, S. 171, 162.
Botanische Zeichnungen: Lore Otto, S. 103
Karte: Manfred Haacks, S. 174.

Fotos: G. Bertram: S. 13, 17, 18, 19, 21, 22, 24, 28, 34, 57, 72, 73, 101, 111, 114, 118, 123, 124, 127, 153, 156; G. Helm: S, 35, 37, 59, 69, 84, 88 u., 89, 104, 131, 132, 139 u., 140, 145, 162; M. Stern: S. 9, 11, 15, 33, 39, 63, 87, 88 o., 94, 95, 99, 109, 110, 136; J. Horstkotte: S. 10, 29, 43, 116, 117, 159; H. Bertram: S. 42, 52, 56, 158; T. Huckfeldt: S. 50 u., 64, 97, 139 o., 168; D. Wagner: S. 2, 47, 92, 138, 143; M. Borsch: S. 79, 83, 85; B. Elling: S. 27, 149, 161; T. Lenz: S. 55, 107, 125; M. Faden: S. 54, 152; M. Haacks: S. 76, 113; Meerpohl: S. 151, 154; Wagner: S. 50 o., 147; M. Zörner: S. 60, 61; J. Crone: S. 41; P. Lange: S. 108; H. Markus-Michalczyk: S. 45; D. Ohnesorge: S. 70; R. Steinhardt: S. 172.

Mit freundlicher Genehmigung des Altonaer Museums
– Norddeutsches Landesmuseum
Caspar Voght gemalt von Jean Laurent Mosnier (1801), S. 135.

Abbildungen aus Büchern:
Hermann Stuhr in: Wilhelm Heering, Leitfaden für den naturgeschichtlichen Unterricht. I. und II. Teil, Berlin 1910, 1911, S. 12, 16, 20, 32, 48, 52, 57, 59, 65, 74, 79, 80, 110, 117, 119, 122, 128, 129, 137, 146, 152, 163,

Verzeichnis der Apfel und Birnensorten, hrsg. v. Willi Votteler. Abgedruckt mit freundlicher Genehmigung des Obst- und Gartenbauverlags, München. S. 71

Hamburgisches Wörterbuch, hrsg. v. Jürgen Meier und Dieter Möhn, Neumünster 1986, S. 30.

Tiere im Wald ...

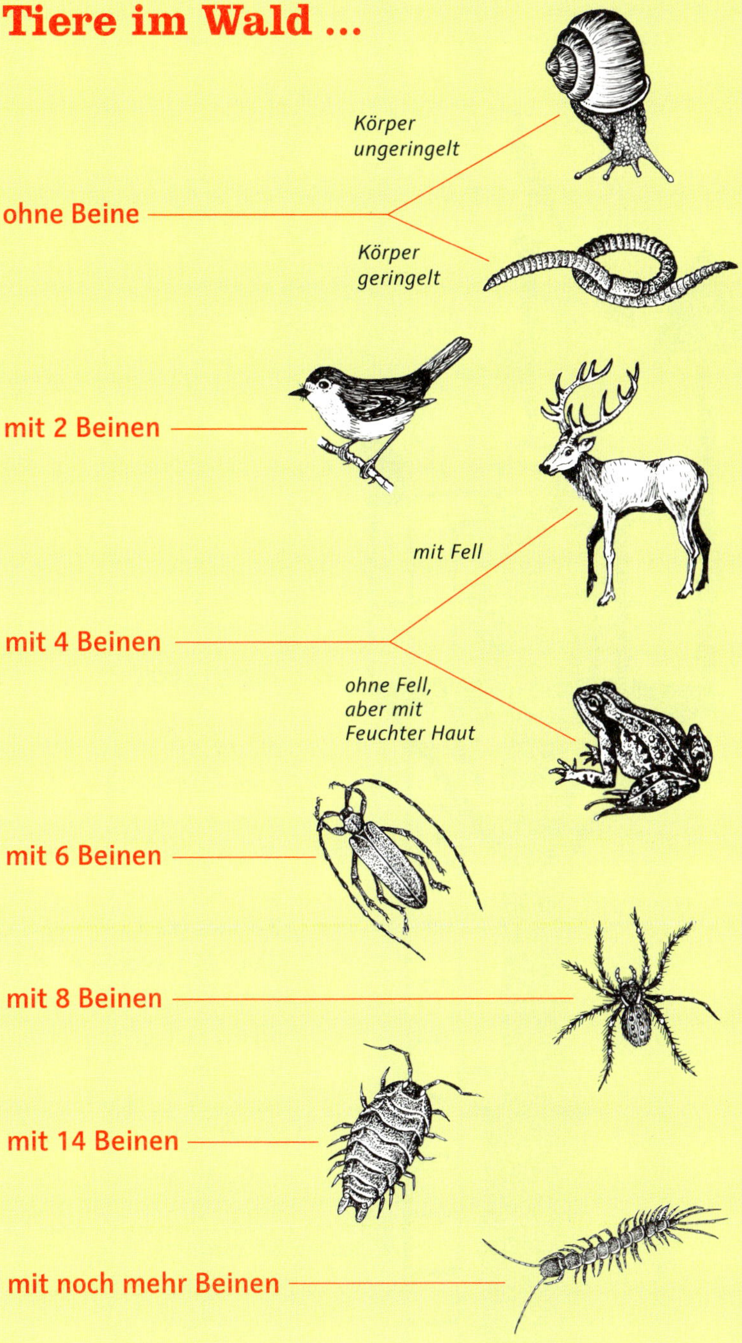

Register

1 Hamburger Stadtpark
2 Tropenhäuser
3 Außenalster
4 Niendorfer Gehege
5 Naturschutzgebiet Raakmoor
6 Wohldorfer Wald
7 Gut Wulfsdorf
8 Volksdorfer Wald
9 Umweltzentrum Karlshöhe
10 Naturschutzgebiet Boberg
11 Öjendorfer Park
12 Harburger Stadtpark
13 Staatsforst Höpen
14 Altonaer Volkspark
15 Bahrenfelder See
16 Botanischer Garten
17 Jenischpark
18 Klövensteen
19 Wittenberger Heide
20 Elbe

Bibliografische Information Der Deutschen Bibliothek
Die Deutsche Bibliothek verzeichnet diese Publikation in der Deutschen Nationalbibliografie; detaillierte bibliografische Daten sind im Internet über http://dnb.ddb.de abrufbar.

Impressum
Reihe »Gartenkultur« herausgegeben von Brita Reimers

Prof. Benjamin Allee 1, 82067 Ebenhausen bei München, Tel. (08178) 95 55-33
Große Bergstraße 253, 22767 Hamburg, (040) 38 08 14 65
Gesamtgestaltung: Marc Musenberg, Hamburg
Umschlagbilder: Katja Wandel (Illustration);
Günther Helm (Foto Schnirkelschnecke)
Litho: Wörmann Industrie und Werbefotografie, G. M.-Hütte
Druck: Benatzky, Hannover
1. Auflage 2003
ISBN 3-935549-53-9